AF279355

Colección FLORILOGIO #98: UC Arte Gráfico 20

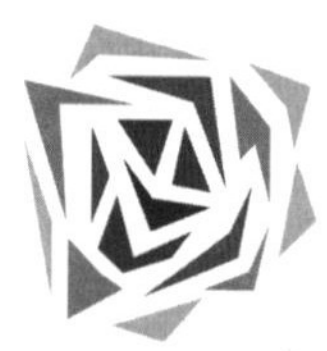

MAURO MURIEDAS, TESTIGO SOCIAL

Colección UC de Arte Gráfico

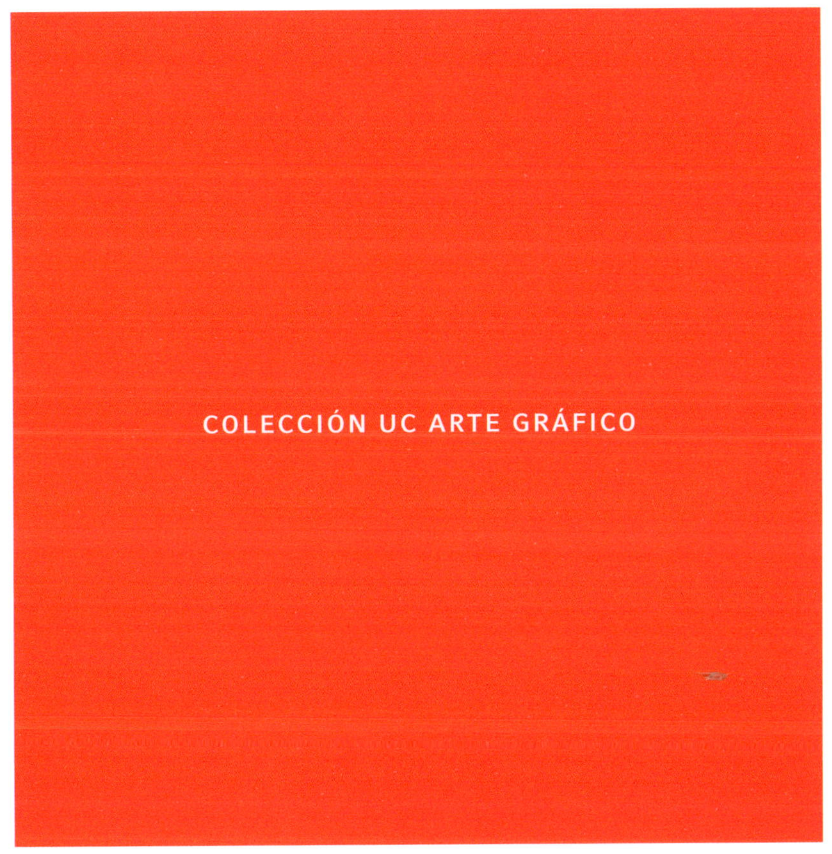

Paraninfo de la Universidad de Cantabria

24 SEPTIEMBRE / 2 NOVIEMBRE 2024

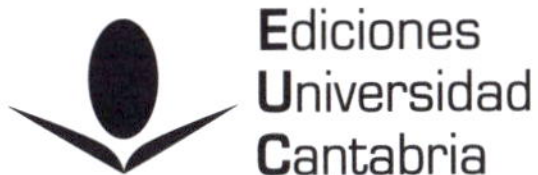

Muriedas Díez, Mauro, 1908-1991, artista

Mauro Muriedas, testigo social : colección UC Arte Gráfico : Paraninfo de la Universidad de Cantabria, 24 septiembre / 2 noviembre 2024 / comisariado, catalogación y diseño expositivo Nuria García Gutiérrez. – Santander : Editorial de la Universidad de Cantabria, [D.L. 2024]

84 páginas : ilustraciones ; 30 cm. – (Florilogio ; 99. UC Arte Gráfico ; 20)

D.L. SA 439-2024. – ISBN 978-84-19024-84-8

1. Muriedas Díez, Mauro, 1908-1991-Exposiciones. 2. Dibujo- España-Cantabria-Exposiciones. I. García Gutiérrez, Nuria, organizador.

74(460)"19"(083.824)

THEMA: AGC, AFF, 1DSE-ES-F

COMISIÓN ASESORA DE EXPOSICIONES

Tomás A. Mantecón Movellán. *Vicerrector de Cultura y Participación Social*
Nuria García Gutiérrez. *Directora Técnica del Área de Exposiciones UC*
Pilar García Sepúlveda. *Responsable del Archivo de Estampas y Exposiciones. Calcografía Nacional*
Javier Gómez Martínez. *Profesor del Área de Conocimiento de Historia del Arte*
Leticia Ruiz Gómez. *Directora de Colecciones Reales, Patrimonio Nacional*

COMISARIADO, CATALOGACIÓN Y DISEÑO EXPOSITIVO
Nuria García Gutiérrez

ASISTENCIA TÉCNICA EN PRÁCTICAS
Patricia Ruiz Cristóbal
Victoria Santoveña Crespo

TEXTOS
Ángel Pazos Carro
María José González Revuelta
Tomás A. Mantecón Movellán
Nuria García Gutiérrez
Miguel Ángel Sánchez Gómez
Luis Alberto Salcines Pérez
Antonio Martínez Cerezo

MATERIAL DIDÁCTICO
Ricardo González García
Victor Alba Rodríguez

DIGITALIZACIONES
Área de Exposiciones UC
Biblioteca Universidad de Cantabria

DISEÑO Y MAQUETACIÓN
Pizzicato Estudio Gráfico

ILUSTRACIÓN DE CUBIERTA
Portada: *Calabozo*, 1979
Contraportada: *Las manos del artista*, 1980

© Universidad de Cantabria
© Editorial de la Universidad de Cantabria
Avda. Los Castros, 52. Santander 39005
Tlfno. +34 942 20 087
ISNI: 0000000506860180
www.editorial.unican.es

ISBN: 978-84-19024-84-8
DL: SA 439-2024
https://doi.org/10.2249/Euc2024.022

IMPRESIÓN
Impreso en España – *Printed in Spain*
Imprime: S.A.G. J. Martínez

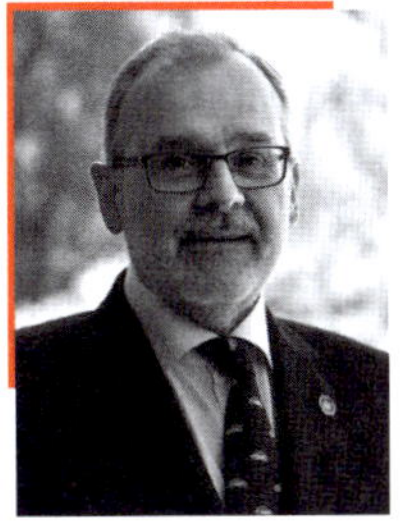

D. ÁNGEL PAZOS CARRO
Rector de la Universidad de Cantabria

La Universidad de Cantabria desde su nacimiento, y son ya más de 50 años, abordó, primero de una forma espontánea e intuitiva, fruto de la voluntad e iniciativas que emergían del profesorado o de los y las estudiantes, así como de su personal de administración, la necesidad de proyectarse a la sociedad a través de acciones de extensión universitaria. Desde su etapa inicial, las delegaciones de estudiantes colaboraron con instituciones y artistas locales para producir esas exposiciones y otras actividades facilitar esa tercera misión que implica una permeabilidad del conocimiento y la cultura hacia el entorno social.

Con estos antecedentes, la UC sintoniza perfectamente con el principio de que "la Universidad ha sido, es y debe ser fuente de conocimiento, de bienestar material, de justicia social, de inclusión, de oportunidades y de libertad cultural para todas las edades" que axiomáticamente reza expresamente el preámbulo de la Ley Orgánica 2/2023, de 22 de marzo, del Sistema Universitario (LOSU).

Las actividades de extensión universitaria forman parte de ese deber con la sociedad a la hora de acercar la cultura y vida universitaria a toda la ciudadanía. Con el paso del tiempo, se han ido sumando a las actividades tradicionales de extensión y difusión de la UC otras tareas, como las vinculadas a la proyección social. La suma de conocimiento y el intercambio intelectual han permitido desarrollar, de esta forma, una función de acercamiento a la sociedad de nuestra región a través de citas culturales como cursos, conferencias, exposiciones, talleres, etc. Toda la actividad que articula el Campus Cultural UC ofrece una oferta con más de dos centenares de citas anuales, lo que integra esta actividad en el ADN cultural de Santander y Cantabria.

Esta labor se hace en sintonía o coordinación con instituciones, fundaciones, asociaciones, empresas y personas del propio entorno regional, así como del ámbito nacional e internacional. Esa vocación de trabajo conjunto con las instituciones es la base fundamental de nuestra estrategia. En el caso de la exposición que se abre este otoño de 2024 ha resultado esencial la colaboración entre la Universidad de Cantabria y el Parlamento de Cantabria, para propiciar la primera exposición de materiales originales del artista torrelaveguense Mauro Muriedas, un testigo cualificado de las transformaciones sociales en la cuenca del Besaya, en la región y en la España del siglo XX. Son dos centenares de dibujos y grabados procedentes de la donación que llegó fruto de la sensibilidad del hijo del artista, Mauro Muriedas Echaves.

Con esta importante colaboración se abre al gran público e impulsa la investigación sobre esta faceta menos conocida de la obra del escultor. Desde la apertura en 1992 de la actual Sala Universidad en la ETS de Náutica, que actualmente permite albergar colaboraciones expositivas, y la posterior creación en 1998 de la Sala de Exposiciones del Paraninfo, adaptada a los más exigentes requerimientos técnicos para albergar exposiciones en condiciones ambientales idóneas, se han realizado proyectos expositivos de gran calidad y rigurosa elaboración compartidos desde la comunidad universitaria con la sociedad de Cantabria.

La obra de Mauro Muriedas ya forma parte desde hace dos años de la Colección Museográfica de la UC, una colección que ha propiciado colaboraciones muy importantes formalizadas con las principales instituciones del país y que se ha fortalecido con la confianza de quienes, como la familia de Mauro, creen en nuestro rigor y compromiso con la cultura y el desarrollo social. La sección de Arte Gráfico en que se ubica buena parte de la producción impresa de Mauro cuenta hoy con más de cinco mil obras.

Agradecemos su gesto a Mauro Muriedas Echave, y a Luis Alberto Salcines, la intermediación para realizar la donación del rico material dibujístico del artista torrelaveguense, nacido en Piélagos. De este modo, más de un millar de dibujos y grabados forman parte, gracias a este nuevo conjunto, del Gabinete de Estampas Pedro Casado Cimiano, custodiado en colaboración por el Área de Exposiciones UC y la Biblioteca Universitaria de nuestra institución.

Seguimos con los trabajos de digitalización e inventariado del fondo hasta realizar una catalogación formal completa que permita el acceso abierto en el conjunto en nuestro Gabinete de Estampas Virtual (https://web.unican.es/campuscultural/exposiciones/gabinete-de-estampas).

Bajo el título *Mauro Muriedas, testigo social*, el Área de Exposiciones de la UC, plantea una muestra de obra en la que narración y la sensibilización sobre las fragilidades de la vida de gente común se conforma como compromiso ético del artista que traslada al espectador. Más de un centenar de dibujos preparatorios, bocetos y estampas recorren las inquietudes y la consciente sensibilidad hacia los más desfavorecidos y las gentes trabajadoras del campo y la industria en la sociedad española del siglo XX.

Los textos que acompañan este catálogo ofrecen itinerarios para comprender mejor al autor en sus circunstancias vitales y contextos históricos. Como en otras ocasiones, la catalogación se acompaña de una programación didáctica realizada por especialistas del área de Plástica en la UC, ofreciendo una propuesta educativa orientada al alumnado de primaria y secundaria que se complementará con los talleres didácticos y visitas guiadas abiertas a todo tipo de colectivos gestionadas desde nuestro Área de Exposiciones.

Una nueva muestra para un nuevo curso académico que abre una nueva trayectoria en la Colección Museográfica de la UC, con un prometedor fondo artístico que abrirá nuevas líneas de trabajo, custodia e investigación dentro de la trayectoria de su Sección de Arte Gráfico. Esperamos que el paseo por el tiempo y los universos sociales del mundo del trabajo y de la vida cotidiana guiados de la mano de Mauro Muriedas ofrezca estímulo para pensar.

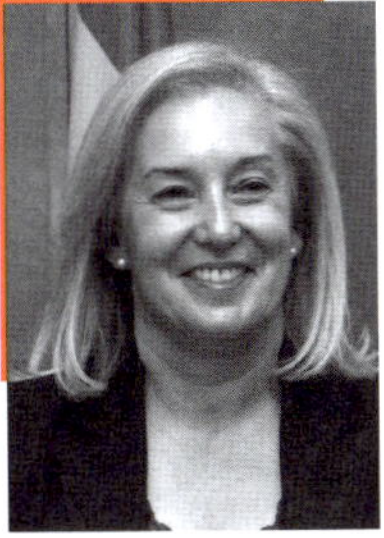

Compromiso del Parlamento con la cultura cántabra

MARÍA JOSÉ GONZÁLEZ REVUELTA
Presidenta del Parlamento de Cantabria

Uno de los objetivos generales de la acción sociocultural del Parlamento de Cantabria, complementaria de sus tareas propias legislativas y de impulso y control al Gobierno autonómico, es promover un mayor conocimiento de la historia de la comunidad, de su trayectoria en todos los ámbitos, singularmente el artístico y cultural, y de sus talentos, todo lo cual viene configurando nuestra identidad colectiva. Nuestro convenio anual de colaboración con la Universidad de Cantabria pretende servir a dichos objetivos e incluye un denso programa de exposiciones, conferencias, encuentros de historia, trabajos de investigación, conciertos, premios y acogimiento a eventos estudiantiles.

La UC es para el Parlamento un aliado fundamental a la hora de desarrollar con máximo rigor profesional e intelectual todo este programa. Entre las exposiciones programadas para 2024, esta de dibujos del excelente artista plástico Mauro Muriedas ocupa un lugar muy especial, tanto por la figura del artista torrelaveguense, como por tratarse de un legado familiar considerable que pasa a manos públicas para su conservación, estudio y puesta a disposición de la ciudadanía. Desde el Parlamento agradecemos a Mauro Muriedas Echaves, hijo del escultor, su generosidad a la hora de transmitir a la Universidad una colección única, que permite que vean la luz ante la sociedad cántabra obras como las que configuran la presente muestra.

También deseamos expresar nuestro reconocimiento a las personas que en la UC o colaborando con ella han coordinado y trabajado intensamente en la organización de la exposición, contribuyendo así a su calidad y representatividad.

El periodo de tiempo abarcado por estos dibujos es muy amplio, y además de la estética del artista, supone un testimonio de una mirada personal al entorno local, social y cultural inmediato. Mucho había cambiado Cantabria entre el nacimiento de Mauro Muriedas en 1908 y su fallecimiento en 1991, y aún ha cambiado más, con acelerados desarrollos económicos, tecnológicos y culturales, desde entonces. Muriedas captó con su extraordinaria sensibilidad escenas de una vida cotidiana que en pocas décadas habría de transformarse significativamente. Testimonio histórico, testimonio artístico y, ante todo, un estilo.

Es para el Parlamento una satisfacción que estas obras de Muriedas queden a disposición de todos los interesados, y que posteriormente pasen a ser visitables en el Gabinete de Estampas Virtual de la UC. Desde el Parlamento trataremos de seguir apoyando, dentro de nuestras posibilidades institucionales, iniciativas que supongan un antes y un después respecto del conocimiento de hechos y figuras de la historia de Cantabria.

Testimonios de vida y formalismo figurativo: La complejidad de lo sencillo en Mauro Muriedas

TOMÁS A. MANTECÓN MOVELLÁN
Universidad de Cantabria

◆

Entre los años ochenta y los noventa realicé mis estudios universitarios, me inicié en la investigación histórica, tuve mis primeras experiencias académicas internacionales y se forjó la persona que he sido después. Esta etapa de mi vida coincide con la última década de la de Mauro Muriedas, dejando atrás experiencias de ilusiones, guerra, postguerra y transición. Para mí, la visita a las galerías de arte santanderinas de entonces y las exposiciones institucionales contribuyeron a acostumbrar mi mirada para leer los lenguajes iconográficos de artistas y creadores. Todo esto acompañaba y ayudaba a mi proceso de formación del historiador.

Durante esa etapa vital ya reparé más de una vez tanto en la obra de fina talla y dignos protagonistas y que trazaba el cincel de Mauro Muriedas historiando así las betas de madera que poco a poco perdían el lenguaje de sus fibras vegetales para que emergiera el animado de la iconografía ideada por Mauro. En esa época, hubo un tiempo en que recurrentemente, por razones de investigación, visité el *Regina Coeli* de Santillana y su Archivo Diocesano, entonces al cuidado de la comunidad de Clarisas, con Sor Celina al frente. Cada día, antes y después de la ración de archivo, recorría las calles de Santillana del Mar y muchas veces reparé en la labor que realizaba Otero en su taller. Verle trabajando transfería paz, gusto por la labor diálogo con los materiales para animarlos, algo parecido lo que yo trataba de hacer conversando con las voces contenidas en los documentos que custodiaban las clarisas del *Regina Coeli*.

En ese tiempo y hoy, la obra y dedicación de Otero, como la de Muriedas me transmitían verdad. El resultado de la labor de uno y otro era, no obstante, muy diferente. Siempre tuve esa impresión. Uno, Otero, labraba la piedra para dar vida a materiales inertes. El resultado del empeño creador expresaba un diálogo maniqueo y profundo sobre los impulsos esenciales de lo animado y lo permanente pero sin alma.

El resultado eran esculturas esenciales conscientemente primitivistas y extraordinariamente llenas de energía contenida fruto de la acción del escultor en su esfuerzo por contaminar de alma al material inerte. El otro, Muriedas, tallaba y pulía materiales cálidos, como la madera, hasta lograr a veces unos resultados bruñidos, muy trabajados, que respetaban por completo la naturaleza tanto de la materia orgánica que permitía expresar significados expresivos humanizados y animados, fruto de la acción expresada o contenida de los sujetos representados. La forma final, muchas veces simplificada por un esfuerzo no menos esencialista del autor, contenía una ética interna. Este rasgo ético y esencial de la obra de Muriedas, esa especie tan personal de formalismo artístico, me sigue resultado un don esencial de todas las creaciones, y tan diversas, que nos regaló.

Esos resultados contienen un esfuerzo intelectual de captación y expresión de la idea, por reducir lo accesorio en las opciones por expresarla, y de depuración de las líneas para transmitir ese impulso animado a los materiales. La obra escultórica muchas veces sintetizaba todo un ejercicio dibujístico de captaciones, pruebas, análisis de formas y composiciones para acabar con la mejor opción de las posibles para su traslado desde el cincel al soporte en un impulso vital. Todos esos apuntes, a veces también escritos, y siempre dibujados con mil maneras e influencias, experimentando son el objeto de análisis en estas páginas y en la exposición *Mauro Muriedas, testigo social* que fruto de la colaboración entre la Universidad de Cantabria y el Parlamento de Cantabria abre sus puertas desde el 19 de noviembre de 2024. Este acontecimiento me brinda la ocasión de dar cuenta de este material tan rico que forma ya parte de la Colección Museográfica de esta institución universitaria gracias a la generosidad, humanidad y compromiso con la cultura de Mauro Muriedas Echaves, hijo del artista.

EL DIBUJO, CONTENEDOR DE ÉTICA:
FORMALISMO FIGURATIVO DE MURIEDAS

Conocí pronto, por lo tanto, en mi juventud, la obra escultórica de Mauro, pero tardé mucho más tiempo, años, en conocer sus dibujos y grabados. Fue mucho más tarde, cuando nos acercábamos a la segunda década de este milenio que luego segmentó una pandemia. Fue con ocasión de la propuesta que a través de Luis Alberto Salcines llegó a la Universidad de Cantabria para analizar la posibilidad de que esta institución acogiera, cuidara y estudiara la obra en papel que aún conservaba en la casa del artista su hijo. Estaba perfectamente preservada. Con la generosa hospitalidad de Mauro Muriedas Echaves tuve la ocasión de ver dibujos de muy diversa traza elaborados por su padre, el artista, y, así, comprender mejor su preocupación por expresar de una forma digna y honesta todo cuanto le rodeaba y le conmovía, desde los gestos de las personas que representaba, hasta las composiciones y los encuadres de momentos de vida. Esos momentos unas veces transmitían inmediatez, la fugacidad de la acción representada, pero con frecuencia lo que expresaban era algo más parecido a lo que permanece en cada persona fruto de un instante de vida y actividad humana.

La forma final, contenía de forma implícita esa expresividad, en sí, y se hace accesible al espectador, lo que convierte cada pieza en un discurso singular del que se derivan sensaciones y consideraciones fruto de la elaboración del artista. En esta concepción tan singular de un formalismo que pudiera decirse empático, figurativo y significativo radica la originalidad del tratamiento que Muriedas da a sus representaciones dibujísticas y de estampación, más allá de integrar su aportación dentro de un estilo determinado. De hecho el propio formalismo, de raíz kantiana, es tan polimorfo que ni siquiera se contiene dentro de sus más básicas distinciones, entre el implícito y explícito (Dziemidok 1993) y adopta versiones más focalizadas en su dimensión ya artística, es decir, o bien más focalizadas en los elementos de expresividad; o bien ascética, en la medida que la forma, reducida a mínimos o a expresiones consideradas puras o simples, induce a una comunión con sus contenidos esenciales.

En este tipo de aproximaciones en la ejecución de sus obras y los ambientes de los personajes delineados por Mauro se contaba con una larga tradición que podría remontar siglos en la historia del arte, desde las pequeñas y estudiadas obras con representaciones humanas no menos contenidas y en escenarios y atmósferas envolventes de Vermeer, recuérdese *La niña de la perla*, por ejemplo, hasta otras no menos contenidas representaciones de

complejas vidas interiores que ofrecían algunas de las estampas de Hogarth, como el retrato de Sarah Malcom en la londinense prisión de Newgate y, por supuesto, las representaciones de Millet, aunque los y las protagonistas para Muriedas no contuvieran la intensa reverencia religiosa del pintor normando por la humanidad, que le llevara a ser considerado una especie de "apóstol de los campesinos" o "evangelista de los campos" de una forma claramente exagerada (Meixner 1983), y muy alejada de los propósitos del artista realista y romántico, en contacto y diálogo con las gentes que representó con gran dignidad y respeto, como interlocutores que eran de unas expresiones de cultura que sus pinceles transmitían a quienes contemplaran esos lenguajes de lo cotidiano y popular en sus cuadros.

El papel con diferentes texturas, colores y tonalidades, los grafitos, carboncillos, cretas o tintas, incluso los bolígrafos y rotuladores elementos tan materiales como estos, dispensaban otras opciones expresivas muy distintas a la madera en las mismas manos de Mauro, que el propio artista dibujó con grafito en 1980 (*Las manos del artista*) y pueden contemplarse también en la exposición que ahora realiza. Quizá son los grabados, más estudiados, más completos y cerrados los que reflejan las realidades contenidas de una forma más cercana a las reconocibles en sus relieves y esculturas de bulto redondo. Cada detalle está pensado. Así se muestra, por ejemplo, en el linóleo sobre papel titulado *Campesino*, de 1965, dotado por ello de una gran fuerza expresiva, pero también en algunos dibujos a plumilla como *Pescadores estirando redes* o *Regreso de la pesca* dibujados un poco más de treinta años más tarde, incluso en el dibujo de lápiz sobre papel *Cambiando herraduras,* de 1977, dotado de una compleja geometría y fuerza contenida.

La frescura de los trazos de apuntes *Ordeñando* o *Picando el dalle* (lápiz sobre papel, 1976 y 1979) o viñetas como *Gentes del Banco Hispano* o la *Vendedora de periódicos* (en rotulador sobre cartulina, 1964 y 1977 respectivamente), en frescas representaciones con cierta ironía crítica (bancarios en rosa, como alegoría de su propia vida), escenas cotidianas o de dramático impacto (*La cuesta de enero*, 1964) como las mencionadas, contrasta con las finas líneas delimitando los sujetos animados y los objetos o los entornos de las escenas de dibujos o grabados más estudiados. Esas otras representaciones preparatorias o más espontáneas ofrecen menos narración pero más vitalidad. Unos y otros destilan una cierta melancolía significativa y de gran espiritualidad, incluso en escenas absolutamente cotidianas.

En todo esto hay algo que Muriedas efectivamente comparte con Millet, aunque no se exprese del mismo modo ni con la misma intensidad seguramente, pues donde uno, Millet, expresaba una mistificación interior de las personas representadas en las que se encontraban esencias de la *nación*, otro, Mauro, con una aproximación más proclive a la autoidentificación empática con las personas y situaciones representadas hacía emerger un interior espiritual y genuinamente humano contenido en las actitudes de sus personajes. Basta contemplar el uso de la ironía en dibujos como el de la mencionada *Cuesta de enero* de 1964 o la *Carta de Navidad* de 1979 o el recurso expresivo de enfoque en picado con la *Huelga en Solvay* (bolígrafo sobre papel, 1977) o perspectivas más conceptuales que geométricas como en Jurado de empresa R.C.A (rotulador sobre cartulina, 1964) para constatar el acierto de la elección de los recursos expresivos utilizados para la comunicación visual y enfatizar el mensaje, la protagonismo singular de cada persona y el proporcional de su capacidad de acción.

Muriedas, por esta razón, no es un mero fedatario, participa de la vida, la dignidad y la espiritualidad de todos los universos y ecosistemas sociales en que se mueve y le duelen las dolencias, por eso las transmite, al igual que expresa felicidad, esfuerzo, preocupación, compañerismo o frialdad... nada de lo humano le fue ajeno, por experiencia vital y dotes empáticas de observación, participación, análisis y explicación iconográfica. El uso que hace de las simetrías conceptuales es muy digno de ser subrayado.

El uso de tinta y lápiz sobre papel en *Al paro tras la compra de General Neumáticos por Firestone* (1975) y la versión en plumilla y lápiz de 1977 con un goyesco epitafio al pie del dibujo "General vendió su empresa Firestone cerrando la puerta del trabajo a 500 obreros" dan buena cuenta del gran efecto que implica el recurso de estas simetrías. También en estos dibujos hay un influjo de las técnicas del cartel. Algo que no es tan evidente en *Jubilados* (bolígrafo sobre papel, 1978), *Familia en paro* (lápiz sobre cartulina, 1989) o Familia sin trabajo (tinta sobre papel, 1977), dibujos en que la mujer emerge con voz propia en el eje de simetría como un pilar doméstico y del futuro; en el primero de los dibujos afrontando la situación y portando en sus brazos a uno de los vástagos; en el segundo, al frente de la situación, en la cabecera de una mesa vacía y con arrestos para afrontar el futuro.

De nuevo emerge la misma intención expresiva de la simetría en *Seis de familia en una habitación* (bolígrafo sobre papel, 1977) o bien *Hogares sin pan, hogares sin calor, caras demacradas por el hambre y el dolor* (lápiz en cartulina, 1980).

El recurso expresivo de la simetría se aplica a otros campos semánticos que están en el ideario y la sensibilidad empática de Muriedas. Toda una serie de escenas de sociabilidad horizontal, entre iguales, bebiendo, comiendo, jugando, conversando... ofrece una ocasión propicia para un uso de las simetrías armónico con la recreación de atmósferas de camaradería recíproca y distensión a través del uso de la sociabilidad. Se constata en el linóleo *Partida de cartas* (1982) y también en dibujos más espontáneos como *Hombres bebiendo y comiendo* (bolígrafo sobre papel, 1978).

Los retratos de mineros como *Arteche* (lápiz sobre papel verdoso, 1952) o *Nelo* (lápiz sobre papel, 1945) o *La pasiega de Soba* (lápices de colores sobre papel, 1937) permiten reconstruir las cicatrices del tiempo y de la vida en imágenes de pequeño formato como su propio autorretrato de 1934 ejecutado a lápiz, a pesar de la delicadeza de sus trazos no con menos expresiva que el linóleo retrato *En la cárcel de Escobedo* (1988), los rostros son singulares pero incontables, y las preocupaciones compartidas, tanto que las calles y los escenarios sociales suenan por voz de sus protagonistas.

DIBUJOS, RELIEVES Y ESCULTURAS: GRITOS SILENCIOSOS

Los carromateros, afiladores, torneros, campesinas y vendedoras, obreros fabriles y mineros... el racionamiento, la huelga, el trabajo... la precariedad y el compromiso, la familia, la compasión y las variadas formas de solidaridad... conversaciones expresadas por comportamientos y actitudes humanas de personas anónimas y otras con nombres, gentes de barrio... el mundo de la infancia, la maternidad y paternidad, el trabajo, la sociabilidad, el entretenimiento y la aspereza de la penuria... la especulación del mercado en sus diversas facetas y los dramas cotidianos a los que se añaden los transmitidos por la prensa, los diarios y los comentarios de las conversaciones en cada ámbito de sociabilidad.

Estos universos que envolvían a Mauro en sus entornos lo hacían en un modo más natural que el que contemporáneamente era conocido y expresado por las manifestaciones artísticas influidas ya por la ascética del realismo social que con connotaciones muy diferentes a las de Millet y más tarde Muriedas, tuvo claras concreciones en el arte impulsado por los regímenes totalitarios del Este de Europa (Rieser 1957) o por la iconografía de exaltación del mundo del trabajo como expresión nostálgica de la labor del pueblo constructor de nación, que traspiraba el realismo fascista y nazi (Ben-Ghiat 1995 y Flint 1980) y, desde luego, muy alejado del realismo reaccionario asociado al consumismo irresponsable y vanal o al pop art (Kuspit 1976).

Personas de carne y hueso que discurren en las escenas representadas por Mauro ofrecen realidades más diversas que las que ofrecían los llamados *cries* o *gritos* callejeros que ya en el siglo de la industrialización europea expresaban la variedad de clamores que trascendían en las calles de grandes ciudades como Londres (Wilson 1995, Hitchcok 2006 y Jankiewicz 2012) o París (Blaszkiewicz 2020) y se conocieron antes y despúes en otras como Madrid.

Precisamente en el Madrid de la época de la Ilustración, donde una multitud de mercados informales y clandestinos competía con los regulados para satisfacer los consumos de una población en expansión, se publicaron 72 láminas recopiladas por Miguel Gamborino y editadas por la imprenta real de Madrid y Valencia en sucesivas versiones 1760-1828, cada una representando a un grito de vendedor callejero que deambulaba para distribuir cuanto aspiraba a vender. Cada lámina de *Los gritos de Madrid* incluía el *grito*, pregón o frase de cada especialidad de vendedor o vendedora. Estas imágenes se han editado y reeditado desde entonces, proyectando las voces de estas gentes a sociedades de nuestro tiempo.

La literatura e iconografía de gritos se superponía a una previa, la de avisos a forasteros que se acercaban a las ciudades y precisaban de orientación para evitar caer en los riesgos y peligros que anidaban las grandes ciudades. La conocida narración de *Avisos y guía de forasteros que vienen a la Corte, historia de mucha diversión, gusto y entretenimiento, donde verán lo que les sucedió a unos recién venidos* (Madrid, 1623) de Antonio Liñan y Verdugo sobre Madrid es una especie muy singular de este género.

Estos fenómenos, lejos de extinguirse, se manifiestan cada día en las ciudades que vivimos y por las que transitamos. Se ha constatado académicamente en New York como expresión de identidades sociales (Corbould 2007), pero es visible a los/las paseantes de nuestro tiempo, Toda una serie de dibujos realizados a lápiz sobre papel contextualizados en el marco de la crisis del 72 nos acercan a esas realidades al reflejar afiladores, castañeras, carboneros, mendigos resignados ofrecen al paseante de hoy conectar con gritos no muy lejanos y con resonancias en nuestros días. Los dibujos en lápiz sobre papel de *El Hombre de los cartones* (1977) y el *Vendedor Ciego de Cartones* (1984) parecen anunciar una fase previa a la evolutiva actual que viven grandes ciudades como Buenos Aires en horario nocturno, transitadas por legiones de jóvenes organización del extrarradio urbano que reciclan lo que

otros depositan para evacuarlo y tratarlo como desechos y, así, dan justa cuenta, por razón de necesidad, a una economía social de la reutilización y el reciclaje.

La obra de Mauro se separa como mínimo una generación de aquella en la que eclosionó este género iconoliterario de gritos y más aún de la literatura de avisos, pero todas ellas están en plena vigencia en nuestros días. En la época de Mauro ya había todo un *background* para esta literatura e iconografía de aviso, denuncia y sensibilización social que había hecho viajar arquetipos populares en el tiempo y en el espacio. En esas raíces tradicionales se encontraban otras producciones asociadas a la llamada literatura de *colportage*, cordel o *aleluyas* (Wilson 1995 y Sánchez-Pérez 2015).

Los dibujos de Mauro permiten integrarse en todos esos universos, tan complejos y mucho más de cuanto daban cuenta sus personales dibujos, atmósferas sociales que traducían el mundo de después de la Guerra Civil española, que vivió y con la que conoció secuelas importantes, con miedos medio superados, aunque la mayor parte no, algunos olvidados y otros no, con dolencias individuales que también lo eran y son sociales como los efectos de stress postraumático... todo ello transpiran aún los rostros, actitudes y escenas en que se integran los protagonistas de la inquietud artística de Mauro. Quizá el testimonio más directo que dejó sea el *Calabozo* dibujado en bolígrafo sobre papel en 1979, una imagen menos trágica que las vitales, paradójicamente, de los *gritos* y menos agobiante que los complejos laberintos subterráneos en que representa a los mineros en su labor diaria.

Esos protagonistas del drama histórico que describe a punta de lápiz, bolígrafo, rotulador, plumilla, buril o cincel Mauro aparecen inmersos en el conflicto y la tragedia de la guerra, en verdad, de todas las guerras, las que vivió Mauro y aquellas otras sobre las que tenía conocimiento por la prensa y otros medios de comunicación. El contacto con otros testigos y discursos sobre la guerra, los relatos que se narraron en las familias y vecindarios, alimentaban formas traumáticas de postmemoria que pasaron entre generaciones (Aarons y Berger 2017). Algunos, debido a la presencia de traumas personales, se silenciaron. Esas formas de silencio implicaron ásperos exilios interiores, aunque han ido saliendo poco a poco por los poros de la materia humana, al modo en que también salen esos y otros mensajes de los trazos del carbón o el cincel que accionaban los dedos del artista torrelaveguense nacido en Piélagos.

La propia Torrelavega en que vivió, la cuenca del Besaya, el mundo campesino del mercado torrelaveguense y el industrial de la huella con que la segunda fase de la industrialización europea e internacional marcó el paisaje del Besaya impregnaban las percepciones humanas y los paisajes agrarios y rurales que conoció Mauro. La joven ciudad y toda la comarca del Besaya venía transformándose desde mediados del siglo XVIII, cuando la decisión monárquica de habilitar Santander como uno de los cinco reconocidos para el comercio con Indias y de abrir el Camino de Reinosa conectó el puerto santanderino los núcleos económicos más activos de la Castilla interior con el corazón y llave del Caribe, así como a través de la Habana o Veracruz tomar contacto con mercancías exóticas llegadas desde de Asia por vía de Acapulco.

Muchas de estas mercancías se descarriaban en los puertos tomando otros rumbos, pero el tráfico del Camino de Reinosa había impulsado ya una importante industria textil para saquería, con cierta modernidad, por ahí recorrían mercancías legales y otras "de fraude" y alto valor añadido, como el tabaco en un abanico de alternativas de elaboración. También había logrado la localización de otras actividades económicas que crearon un sustrato sobre el que se fue asentando en fases sucesivas una industria moderna, sujeta a las crisis coyunturales con que se afectaron los ciclos económicos posteriores y, por lo tanto, a sus efectos sobre el trabajo, empleo y niveles de renta, así como sobre la clase obrera y los llamados obreros-mixtos que desarrollaban una agricultura a tiempo parcial completando de este modo su actividad industrial y las rentas procedentes de esta dedicación principal. Estos universos cobran vida en la obra de Muriedas con vigorosa energía y contenido pálpito vital.

CONCLUSIONES

Los testimonios de Mauro Muriedas de un tiempo vital que cubrió casi un agitado siglo que asentaba sus cimientos en el proceso industrialización experimentado en Cantabria con un peldaño de retraso del conocido en la Europa continental y, en buena medida vinculado y dependiente al proceso europeo. La cuenca del Besaya y Torrelavega en particular participaron de este proceso, así como de la inversión de capitales extranjeros tanto en el sector extractivo como el industrial. La guerra sacudió esos procesos y afectó de forma brutal y dramática, como todas las guerras a la sociedad, dejando cicatrices que aún evidencian no haber cerrado completamente y es una necesidad social, pero no provocó una fractura insuperable.

Mauro transmite en sus dibujos testimonios muy variados y dispersos, los propios de una generación que se iba adaptando al sufragio y la participación política para verlo cuestionado trágicamente en una guerra civil que fue mundial como preámbulo de otra de mayor escala, que dejó un millón de muertos y una sociedad postbélica fragmentada dentro y fuera del territorio de la vieja piel de toro. La generación de artistas contemporáneos de Mauro interiorizo y expresó los impactos de estas transformaciones y cicatrices sociales tan profundas, al menos hasta después del 1978 y la generación de la Constitución Española. Compartieron algunos lenguajes, conversaron entre sí e hicieron que también lo hicieran sus obras.

En los dibujos y grabados de Mauro Muriedas se reconocen muchos de estos *tics*. Hay lecturas de la sociedad, de los episodios vitales, de los/las protagonistas en cada escenario, situación, momento y contexto, sin embargo, ni los estilos, ni las percepciones ni los resultados artísticos son intercambiables. Eso hace que en Mauro se puedan reconocer influjos representativos de Otero y de Quintanilla, así como seguramente él influyó en otros que también acabaron por forjarse personalidades singulares más o menos reconocibles y reconocidas. En todo caso, esta obra de Mauro demuestra una enorme madurez, una gran sensibilidad para aplicar todo cuanto conocía en términos de enfoques y técnicas representativas y una humanidad que le llevó a autoexiliarse y reconcentrarse cada vez más claramente en la voluntad de conmover el entorno, mejorar la vida, especialmente de las personas más desfavorecidas, hacer llegar a través de sus dibujos los *gritos* callejeros a las pupilas y a mentes de otras, cambiar lo que va mal y deshumaniza.

Los rostros, las manos, el lenguaje corporal, los entornos que dibuja Mauro expresan estos sentimientos empáticos. En ello entronca Mauro con largas tradiciones expresivas que hunden sus raíces en artistas y planteamientos estéticos utilitaristas vigentes en el siglo XVIII pero que no han sido desgastados aún ni aspiran a una integración absoluta. Las escalas y perspectivas conceptuales, las simetrías imposibles o casi que se han ofrecido y dispensado siempre los dibujos y representaciones de Mauro y sus contemporáneos en el exilio.

Conocíamos bien la obra producida por el artista torrelaveguense del valle de Piélagos en relieve o bulto redondo en madera. El análisis de esta sección de sus materiales dibujísticos es una pequeña parte visible de un iceberg mucho más grande, gigantesco, cuyos contornos Mauro delinea con elegancia, empatía y compromiso con la verdad, lo que le lleva a reforzar incluso sus dibujos con texto, al más puro estilo goyesco, confiando en preservar la memoria de esos momentos y situaciones, conmover para atender problemas de fondo o circunstancias episódicas y singulares, dando voz, rostros y actitudes a multitud de gentes del campo, la industria, las minas y las calles.

Cuando procedimos al reconocimiento, inventariado, catalogación, conservación y digitalización la riqueza como testimonios de estos materiales se hizo aún más evidente.

A esta exposición seguirá un trabajo intenso con los fondos que aún quedan cuidados y custodiados en el depósito de la Colección Museográfica de la Universidad de Cantabria, para seguir dispensando lecturas de otros tiempos en cada uno de los tiempos que vengan. La gran sensibilidad de Mauro hijo, y de Luis Alberto Salcines, que en su momento, conocedor de la familia, nos puso en contacto, fue la precondición para llegar aquí y nos ha regalado la de su padre expresada a lápiz, bolígrafo, rotulador, plumilla y buril.

Protagonistas de Mauro Muriedas: El arte vive

NURIA GARCÍA GUTIÉRREZ
Universidad de Cantabria

Hablar sobre Mauro Muriedas (1908-1991), es hablar de una persona humilde, sencilla y comprometida. Humilde por su orígen, nacido en una familia pobre en el pequeño pueblo de Barcenilla de Piélagos. Sencillo, por su forma de vida, que transmitió a su hijo Mauro, y de la que su mejor ejemplo es la casa familiar, el piso situado en la calle Julian Ceballos de Torrelavega, conservado como si el tiempo se hubiera parado una vez fallecido el escultor. Comprometido, porque Mauro, como hoy todavía le menciona su hijo, fue testigo fiel de lo que le rodeaba, su círculo más cercano, en donde los trabajadores y trabajadoras y los grupos más desfavorecidos eran los protagonistas.

La exposición que ahora presentamos en la sala del Paraninfo de la Universidad de Cantabria se realiza gracias a la generosidad demostrada por su hijo, Mauro Muriedas Echaves (Maurín), quien ha guardado y guarda la memoria de su progenitor con la dulzura y rigor que su propia experiencia le ha permitido. La muestra recoge un conjunto de dibujos y estampas pertenecientes al fondo que donó a la UC en el año 2022. Un fondo que cuando llegó para ser conservado en el Gabinete de Estampas Pedro Casado Cimiano, no éramos conscientes de la riqueza que contenía. Un número de piezas inicial que finalmente casi se ha triplicado, una vez que hemos ido identificando cada uno de las bocetos, dibujos, estampas y documentos que forman parte del conjunto. Un inventario y digitalización que todavía debe perfilarse hasta una futura y consolidada catalogación.

Debemos agradecer, las labores de colaboración e intermediación realizadas por Luis Alberto Salcines para lograr que este cúmulo de obras haya llegado a nuestra institución. Su inmensa paciencia ha sido vital para que esta generosa donación forme parte de la Colección Museográfica de la UC.

El conjunto constituye un fondo con una extremada fragilidad, en donde las diversas variedades de soportes de papel han condicionado y condicionarán su futura conservación. Algunos fragmentos de papel llegan a determinar la escena representada, adaptada el formato del soporte. Muchos dibujos disponen de un tamaño pequeño, reutilizando piezas de papel por ambas caras o reciclando otro tipo de documentos como folletos, entradas de eventos, etc. Una producción ingente, muy numerosa, fruto de una creación cotidiana frenética. La temática de estas obras está centrada en muchas ocasiones en la vida diaria, tanto familiar como laboral.

Por otra parte, sorprenden los bocetos preparatorios de sus trabajos en madera, muchos para sus conocidas esculturas, pero también estudios y bocetos para su trabajo como carpintero en la mina de la Real Compañía Asturiana de Zinc. Dentro de la donación hay numerosos rollos de papel de estraza que fueron conservados enrollados o doblados lo que condiciona su actual conservación, estudio y digitalización pero que son esenciales para recomponer el proceso creativo y de diseño realizado por Muriedas. Existen numerosos dibujos preparatorios para su trabajo en linóleo, donde plasma personajes aislados o escenas de grupos teniendo una importante relevancia sus proyectos para felicitaciones navideñas.

El archivo estaba custodiado en la casa familiar de manera casera, carpetas fabricadas por el artista o cajas improvisadas acumulaban más de un millar de dibujos a lápiz, tinta y linóleos de temáticas variadas, predominando el dibujo de personajes cotidianos en la vida de Mauro, personajes de Torrelavega y su entorno, su familia, compañeros de la mina, personas a quien admira o detesta, etc.

Mauro observa y plasma con su lápiz lo que está a su alrededor o lo que recuerda de otras épocas, por ejemplo, recuerdos que atormentan su mente como su experiencia personal durante la guerra civil. Tamaños diversos, diversos tipos de papel como soporte, diversidad de escenas, grupos, individuos o personajes identificados que engloban el universo del que Mauro es testigo durante su vida. Recuerdos que se agolparon en su cabeza y que se acumularon en su archivo personal que actualmente estamos intentando descifrar y ordenar en el gabinete de estampas de la Universidad de Cantabria. Episodios y escenas de los que Mauro Muriedas fue testigo, aunque a veces también protagonista, en donde el respeto y dignidad de los personajes siempre está presente y en donde la denuncia ante el abuso y lo injusto es la finalidad de la obra.

FORMACIÓN Y EVOLUCIÓN COMO ARTISTA

Mauro Muriedas Díez nace el 26 de julio de 1908 en Barcenilla de Piélagos dentro de una humilde familia, primogénito de cinco hermanos, dos chicas y tres chicos. Su padre carromatero y carpintero de profesión trabajó en la Real Compañía Asturiana de Minas de Reocín (RCA). La precaria economía familiar se complementaba con la venta de carbón de leña a partir de las recolecciones que hacían Mauro y su padre.

Con apenas 12 años fallece su madre y, dada la precaria situación económica de la familia, se vio obligado a tener que trasladarse a trabajar en una granja de ganado vacuno a la localidad de Cueto (Santander), exactamente localizada en Cabo Mayor. Como su hijo Maurín recuerda hoy y el mismo Mauro contaba (Salcines: 1978, 26), para su padre esta fue una experiencia traumática que duró dos años. El duro trabajo desarrollado en dicha ganadería, el trato recibido por los propietarios, así como un desgraciado accidente, marcaron su vida.

La acusación de que era el responsable de la pérdida de una res que se había despeñado por los acantilados y la reclamación de su valor económico al joven, motivó que decidiera escapar e ir a Torrelavega donde vivía en ese momento su padre, José Muriedas. Éste se había vuelto a casar y se había trasladado a la capital del Besaya a vivir con su nueva y ampliada familia. Hasta el domicilio familiar se desplazó a buscar a Mauro el responsable de la ganadería, con el fin de reclamarle el dinero en que valoraba el animal fallecido, episodio que llevó al patriarca de la familia de los Muriedas a tomar parte en la disputa, echando al ganadero y acusándole de explotador.

José Muriedas trabajaba entonces como carpintero en la mina de Reocín y consiguió que su hijo comenzara a trabajar como albañil vinculado a la RCA. Al poco tiempo,

comenzó a desempeñar tareas como aprendiz de carpintería, puesto que le eran familiares ya que conocía el oficio gracias a las colaboraciones en el taller de su padre.

En 1927 se matriculó en la Escuela de Artes y Oficios de Torrelavega en donde conoció a otras jóvenes promesas como Eduardo Pisano o Ciriaco Párrega. La escuela de Torrelavega se había creado a partir de la fundación, en 1892, de la *Asociación para el fomento de la instrucción de las clases populares* (Hoyo, 2017, 499).

La actividad docente de este centro se resume y explica a partir de lo que Jonh Dewey denominó en 1971 como "la democratización de la educación". La docencia que desarrollaban las escuelas de artes y oficios buscaba *una opción pedagógica que se comprometía tanto con la promoción de los contenidos culturales entre todas las clases sociales, como con sus sistemas de organización y diseminación que, evidentemente, no pueden ser unilaterales, sino que deben ser cooperativos y participativos* (Masgrau-Juanola; Rocha-Gaspar, 2021, 806).

Es por ello, que el paso por la escuela de Mauro marcará su formación, puesto que, de otra forma nunca hubiera podido conocer la escultura o el arte dados sus humildes orígenes. Su formación ocupaba dos horas diarias y la compaginaba con su trabajo en la mina. Se concentró en tres grupos de asignaturas "orales, gráficas y plásticas", conjugando asignaturas como la geometría, física, dibujo técnico, modelado y vaciado, entre otras. Este tipo de estudios le permitió, como narra su hijo Maurín, trabajar y formarse, actividades que tuvieron que paralizarse por el inicio de su servicio militar en Santander.

En el mes de junio de 1929, recibió un premio, al igual que su amigo Pisano, por los trabajos que presentó al finalizar el curso de la Escuela de Artes y Oficios. En agosto de ese mismo año, participó en su primera exposición en la Cámara de Comercio e Industrias de Torrelavega, una muestra de "productos locales", en donde representó a la RCA con un bargueño, tal y como recoge el 23 de agosto el periódico *La Voz de Cantabria*. En dicha exposición sorprendió la soltura que Muriedas tenía a la hora de trabajar la madera.

Apenas unos meses después, el mismo periódico lo entrevistaba, en su pequeño taller de Campuzano, con apenas 21 años. En esa entrevista, él mismo indicaba que había tenido que dejar sus estudios por tener obligaciones familiares que atender. Sus palabras transmitían el interés que tenía y el entusiasmo por seguir trabajando la madera.

Este artículo será el inicio de otros textos en donde la prensa de Torrelavega defendió que Muriedas debía ser apoyado por las autoridades para seguir desarrollando su formación. Esta campaña de apoyo perduró en la prensa escrita y en los círculos culturales de Torrelavega hasta que se le propuso como aspirante a una ayuda para estudios otorgada por la Diputación de Santander en septiembre de 1931. Ese mismo año, formó parte del primer Certamen de Pintura y Escultura de Santander, también denominado *I Salón de Verano*, desarrollado por el Ateneo de la ciudad. Le animaron a participar Ricardo Bernardo, Pedro Lorenzo y Jesús Alonso Peña (Salcines, 1978, 27).

El objetivo del certamen "era dar a conocer a los jóvenes artistas montañeses" y Mauro Muriedas era entonces una joven promesa. Finalmente, en septiembre de ese mismo año le concede la Diputación de Santander una pensión para costear sus estudios de escultura, prorrogada en 1933, siendo Gabino Teira el presidente de la diputación provincial (1933-1935). En 1932 participó también en la muestra realizada por la Biblioteca Popular de Torrelavega, otra entidad dinamizadora de la vida cultural en la sociedad cántabra. La muestra levantó gran expectación en la ciudad como indicaba el periódico *El Cantábrico* en su publicación fechada el tres de noviembre.

Estas ayudas permitieron su traslado a Madrid para continuar su formación. Todo parece indicar que acudió como oyente a clases de vaciado y dibujo a la Real Academia de Bellas Artes de San Fernando. No se conserva en dicha entidad ninguna documentación que justifique su matrícula en los estudios reglados, ni siquiera en su archivo custodiado en la Universidad Complutense de Madrid.

El alcalde de Torrelavega en esos años, Pedro Lorenzo, le entregó una carta de recomendación para presentarse ante el pintor José Gutiérrez Solana en Madrid. Solana para Mauro era un ídolo y un ejemplo a seguir en lo referente a la temática plástica, un creador al que muchos artistas tuvieron como referencia en la época. En 1920 Solana había publicado de su libro *La España Negra*, en donde la crítica a la sociedad española era el eje central, una denuncia a la sociedad anclada en la pobreza, superstición y tradición. De esta forma, a Mauro su estancia en Madrid le permitió conocer los círculos artísticos y literarios de la ciudad en las que Solana era un habitual.

Su formación sufrió un parón a finales de 1934. Abel Puertas Rocacorva denunció este hecho en la primera página del diario *La Región*, el 17 de noviembre, en una reseña titulada *El artista, muere; el arte vive*. Puertas denunciaba que Mauro no disponía de recursos para seguir trabajando en escultura y se había visto obligado a pedir trabajo como peón en la mina. La noticia se extendió por la provincia, llegando hasta Cuba a través de un artículo escrito por Juan María Cañas Palacios en la revista *La Montaña*, una revista que editó la colonia de emigrantes en la isla.

Quizás esta campaña popular de apoyo realizada consiguió que, el día 11 de enero de 1935, el Boletín Oficial de la Diputación de Santander recogiera la nueva asignación de una bolsa de viaje para la ampliación de su formación. Además, en el mes de noviembre de ese mismo año, se le otorgó una ayuda para costear su participación en el Salón de Otoño de Madrid, en cuya exposición coincidió con otros creadores ya consagrados como Daniel Vázquez Díaz o el mismo Gutiérrez Solana.

En esta época la visión que irradia Muriedas para intelectuales como Manuel Llano o Tomás Macho y Macho, aparece redactada en sendos artículos del diario *El Cantábrico*. Para Llano el joven escultor trasmite tristeza y emoción en "sus semblantes de madera", tallas que realiza, con "tendencia a lo dramático incruento, silencioso, humilde". Estas líneas Llano las escribe con motivo de la exposición de Mauro en el Ateneo de Santander durante la primavera de 1935 (Llano, 1972, 1177). Se trata de un periodo en el que Muriedas va asentando las temáticas clásicas de lo que será su repertorio artístico, en donde la injusticia y la desigualdad será el eje temático, sobre todo en el ámbito laboral desarrollado en el campo, la mina y el mar (Salcines, 1978, 28).

Ya en 1936, se le asignó una beca para estudiar en el extranjero por parte de la Diputación, viaje que nunca pudo realizar por el inicio de la guerra civil. Durante el levantamiento militar, Muriedas se encontraba en Barcelona con otros jóvenes creadores, como Jose luis Hidalgo o Francisco Charines, con motivo de la Olimpiada Popular a donde habían llegado el día 17 de julio. Mauro pensaba participar en una exposición paralela a la Olimpiada, que se iba a desarrollar del 19 al 26 de julio, pero el conflicto bélico hizo imposible su desarrollo. Las revueltas obligaron a los jóvenes a tener que quedarse en la ciudad condal seis días con muy pocos recursos hasta que pudieron salir de la ciudad y embarcarse hacia Valencia, para posteriormente seguir en tren hacia Madrid, donde tuvieron que permanecer veinte días más. Para llegar otra vez a Torrelavega, el grupo de amigos tuvo que volver a Barcelona, esta vez en tren, pasando posteriormente la frontera hasta Toulouse y regresando finalmente a través de Irún (Salcines, 1978, 32).

Al llegar a Cantabria, Mauro fue movilizado por el ejército republicano hasta la caída de la zona norte, formando parte del batallón 138, cuarta compañía como cabo. En plena contienda, en el mes de febrero de 1937, se casó con Tinuca Echaves, la mujer de su vida, madre de su único hijo y que a partir de esa fecha será una de las personas a las que más representará, tanto en sus esculturas como en sus bocetos y dibujos.

Posteriormente, fue militarizado por la RCA pero, según cuenta su propio hijo, "Mauro no hizo ni un solo tiro con su *Mauser*, en el campo de batalla, en todo el tiempo que estuvo militarizado". Su personalidad le bloqueaba ante la barbarie. Varias delaciones en su contra por parte de varias personas, denunciándole como una persona contraria al régimen, le llevarían seis meses a prisión. Para Mauro, una persona que odiaba la injusticia y la crueldad, la guerra y el presidio marcaron también su vida y su personalidad. Su experiencia en prisión y los episodios vividos serán numerosamente recordados en sus dibujos a lo largo de los años. Muriedas es uno de los ejemplos de artistas que no abandonaron España tras 1939, pero vivieron su peculiar exilio interior. Tuvo que tolerar el régimen franquista y sus redes clientelares que se extendieron por su contexto vital.

A partir de los años cuarenta y tras las experiencias vividas, su vida y obra entraron en una etapa de madurez tanto como como individuo y como artista. Una cierta monotonía se asienta en su vida en donde su familia, Tinuca y Maurín, y su trabajo en la RCA fueron las bases de su experiencia vital y en donde sus obras escultóricas y sus dibujos fueron su válvula de escape o terapia. En su trabajo Leopoldo Bárcena hasta 1949, director de las instalaciones y mentor, le ayudó a permanecer en el taller de carpintería gracias a su destreza en sus trabajos en madera.

En su vida fuera de la RCA, su estudio personal era su laboratorio en donde realizaba obras que plasmaban sus pensamientos e inquietudes. En su desempeño laboral realizó muebles para las instalaciones de trabajo o de descanso del personal. Curiosamente se conservan diseños de sus trabajos en los fondos de la donación custodiada en la UC, así como, algunos muebles que realizó y que se conservan en el depósito, custodiado por la Escuela de Minas y Energía de Torrelavega, realizado por la empresa Asturiana de Zinc que en 1980 absorbió a la RCA.

El trabajo con la gubia también formaba parte de su tiempo libre en la mina, en el poco tiempo que le quedaba en los "descansos", el taco de madera era su vía de escape. Cuando falleció Leopoldo Bárcena tuvo que volver a su puesto de peón durante un tiempo hasta que Jesus Tuero-O'Donnell, subdirector y posteriormente director hasta su fallecimiento en 1960, le destinó como modelista. Esta tarea Muriedas la realizaría hasta su jubilación en 1975 (Salcines: 2008, 26).

Su producción escultórica le obligaba a estar activo, con exposiciones de forma periódica. En 1954 formó parte en Madrid de la Exposición Nacional de Arte de Educación y Descanso en donde consiguió la medalla de plata. La Biblioteca Popular de Torrelavega o las exposiciones de Arte de los Productores de la RCA acogieron repetidamente las obras de Mauro. En este último foro, con el paso de los años llegaría a formar parte del grupo de asesores del certamen, como miembro de la Junta Directiva Provisional realizando tareas como vocal de la sección de Arte en la Obra Sindical de Educación y Descanso. Su labor era escoger y premiar a los creadores seleccionados de entre los trabajadores de la mina que tenían inquietudes artísticas y participaban en la convocatoria (Hoyo: 2017, 501).

De forma habitual presentó obras, desde 1948 hasta 1972, en el Salón de Otoño de Madrid, participó con numerosas esculturas lo que le llevó a ganar en 1972 la primera medalla del certamen. En ese mismo año, la galería Sur de Santander, dirigida por Manuel Arce Lago, acogió del 16 al 31 de marzo una muestra suya. Según su hijo, Mauro estaba muy orgulloso de esta muestra porque para él era todo un reconocimiento, no hay que olvidar que la Galería Sur era todo un referente en la vida cultural de la región y en ese año cumplía su vigésimo aniversario. Artistas ya consagrados como Ràfols Casamada, Menchu Gal, Vázquez Díaz, Joaquín Peinado fueron algunos de los creadores que pasaron en esa misma temporada. Fueron unas fechas de gran actividad plástica en su vida, apenas unas semanas después, la Galería Arteta de Bilbao acogió obras de Muriedas y de Jesús Otero en una muestra homenaje a Rufino Ceballos.

Con el paso de los años, otras actividades como la relación con la Coral de Torrelavega, o su participación en panorama cultural de su ciudad, formarán parte de su vida cotidiana. Desde su juventud había sido un personaje muy querido por la población de Torrelavega. Este hecho sumado a la continua y exitosa actividad a principios de los años setenta, motivó también que, en ese mismo año 1972, recibiera un homenaje sencillo y emotivo tal y como narraba Gabriel Cayón en la *Hoja del Lunes* de Torrelavega.

Mauro se jubiló de su trabajo en la RCA en 1975. A partir de entonces comenzó a colaborar de forma más continua con la Escuela Municipal de Artes de Torrelavega (Mantecón: 2008, 43). Estuvo impartiendo clases de escultura, grabado y dibujo al alumnado lo que compaginó con su trabajo en el taller.

Ya en 1976 protagonizó, junto a su amigo Eduardo Pisano, otro evento que alteró su vida tras su jubilación. La muestra fue un evento reseñable en la Torrelavega de la Transición. En ella se reencontraban dos compañeros de formación y amigos cuya vida había sido muy distinta. Mauro había permanecido en Cantabria durante la dictadura, pero Pisano había sufrido el exilio en Francia. Pisano, nacido en Torrelavega, fue uno de los artistas que conformaron la denominada Escuela de París junto a creadores como Clavé, Peinado u Óscar Dominguez.

Su espíritu crítico le llevó a escribir sus inquietudes diarias, costumbre que durante su jubilación creció. Era un hábito que había surgido a partir de los años sesenta. Cientos de cuartillas, según su hijo, forman parte de su peculiar archivo personal, escritas a diario, llenas de reflexiones sobre lo que lo rodea. Atento a las noticias que suceden en su ámbito más cercano, pero también en el panorama nacional o internacional, Muriedas fue testigo de su sociedad en donde sus cuartillas, en muchas ocasiones se acompañan con dibujos y bocetos, así como, recortes de noticias de prensa. Un hombre sencillo que vivió en paz consigo y sus contextos.

Mauro Muriedas falleció el nueve de enero de 1991 en Torrelavega.

DIBUJOS Y GRABADOS DEL FONDO MAURO MURIEDAS EN LA COLECCIÓN UC

Las obras pertenecientes al fondo donado por Mauro Muriedas Echaves a la UC, realizadas por su padre, tienen una cronología que va desde finales de los años treinta hasta mediados de los años ochenta. El núcleo más numeroso se centra sobre todo en su etapa creativa más madura. Se deduce al observar las más de mil cuatrocientas piezas donadas que Mauro realiza sus dibujos a partir de una meditada reflexión de lo que le rodea. Sus trazos, no solo son bocetos preparatorios, son auténticos pensamientos registrados en lápiz, tinta y papel, ideas y conceptos de lo que le hay en su vida habitual. Pureza, dignidad, denuncia, sencillez, dignidad, autenticidad, humanidad, respeto, realidad son algunos de los términos que caracterizan todo el conjunto.

El conjunto está realizado en una gran variedad de tipos de papel o cartón lo que condiciona su conservación y reproducción. En la selección presentada en este catálogo se ha tenido que evitar reproducir algunas piezas dada la dificultad a la hora de realizar una digitalización de calidad. Por ejemplo, los cartones grises utilizados, reciclados en su mayoría, no dejan apreciar algunos detalles de los trazos a lápiz.

Sus primeras esculturas tuvieron temas vinculados con el mundo rural, agricultores y ganaderos, que nunca abandonó. El duro trabajo de otras profesiones como los pescadores, mineros, carpinteros, albañiles, etc. formaron parte de su repertorio habitual. La iconografía utilizada se define por el uso de líneas geométricas, una constante que caracterizará sus esculturas y dibujos. Es posible que su forma de plasmar las escenas en la madera condicionara su ejecución a la hora de dibujar, acostumbrado a ejecutar sus escenas en maderas nobles como el castaño, el roble o la ukola. La dureza de estas maderas le condicionaba muchas veces las escenas a desarrollar, con pliegues duros y geométricos en los personajes y escenarios.

El trabajo duro y las más desfavorecidos fueron los temas más habituales en su repertorio. Sus reflexiones plásticas se alimentaron en ocasiones a través de las noticias que le llegan a través de los medios de comunicación. Huelgas, injusticias, catástrofes fueron alguno de los temas que plasmó dentro de su producción artística vinculada con la denuncia social. Las obras presentadas en esta muestra pretenden poner en valor la obra de Muriedas cuyo eje vertebrador es esa llamada de atención ante un problema social. Como ya hemos visto, el abuso y la injusticia marcaron la vida del creador desde su infancia, su empatía y compromiso con los que padecen estas situaciones:

"- Mauro, ¿qué tratas de expresar con tu obra?
- La vida de los demás: del que sufre. La vista me hace captar la tristeza que luego inyecto en la obra. No es nada pintoresco. Los personajes víctima de una desigualdad económica, y por ende social. Es un arte de tipo social.

- ¿Se puede hablar de unos personajes anónimos, marginados por la sociedad de la opulencia quien les ha cerrado sus puertas?
- Así es. Mi obra es un termómetro que mide la temperatura de las tristezas, desigualdades. Son unos hombres cargados de desilusión por la tragedia social que arrastran. El hombre de la mina, el hombre del mar, el hombre del campo. Son tres personajes que siempre me han cautivado, por esa su vida de lucha que no tiene la compensación económica que merecen. [...]

- ¿Se puede hablar de un arte, de una escultura desligada de una realidad social; que no sea testimonio del contexto en que se da?
- El artista tiene un alma, un corazón, una sensibilidad, pues de otro modo se convierte en un mecánico del arte, es decir un oficio. Debe de haber vida en la obra de un artista. El arte es una forma de expresión; el artista con su sensibilidad debe captar el mundo que le rodea. [...]"

(Salcines: 1978, 45-46).

Dentro de su trabajo vinculado a la temática minera, tanto en las esculturas como en sus relieves es fácilmente deducible que conocía la obra del escultor belga Constantin Meunier (1831-1905). Las obras cuya temática está vinculada a la minería, en varias ocasiones, forman parte de las portadas de la revista trimestral de la RCA. En las conversaciones que hemos mantenido con Maurín, nos ha transmitido que tenía hacia el belga una gran admiración. La dureza del trabajo diario en la mina será una de las experiencias de cada uno de los dos artistas. El movimiento que emana de las escenas plasmadas en los relieves de ambos será otra coincidencia. Para Muriedas los relieves permiten hacer escenas más completas en donde cada personaje ejecuta una actividad distinta frente a los personajes aislados que realiza en la escultura de bulto redondo mucho más hierática. Su finalidad es plasmar las duras condiciones de trabajo de sus compañeros de la mina.

Los dibujos y estampas conservados en la UC permiten reconstruir en muchas ocasiones el proceso creativo de la actividad como escultor. Bocetos simples o bocetos a tamaño real repiten modelos y personajes cercanos, a veces identificados con su nombre. La cercanía de los personajes es otra constante en los retratos conservados en el fondo. Rostros que para Mauro eran amigos, compañeros o vecinos en donde la experiencia vital y dureza de vida queda plasmada en sus facciones y arrugas. Rasgos faciales que narran experiencias vitales de gran dureza y experiencia.

Los conflictos sociales de la comarca del Besaya, como huelgas y reivindicaciones, o los salarios injustos que cualquier obrero son también dibujados en sus "cuartillas". Lápiz o tinta sobre papel y el linóleo son las técnicas utilizadas para representar estas escenas. Huelgas en Solvay o Firestone, accidentes en la mina como la catástrofe del derrumbe del dique de estériles ocurrido el 17 de agosto de 1960 en la RCA. En este último caso, mauro representa en uno de sus pocos dibujos a color la indefensión y dignidad experimentada por las familias de sus propios compañeros que deben trasladarse tras perder todos sus bienes en dicho accidente. Las duras condiciones de las familias de la comarca y sus duras condiciones de vida por los bajos sueldos y el paro son otros de los episodios que narra en sus dibujos, algunos cercanos a la caricatura, cercanos a la denuncia más sátira y siguiendo a veces este estilo, en paralelo, Mauro realiza otros temas de crítica o problemas de tipo social como son la prostitución, la mendicidad, las desigualdades, etc.

La influencia de Solana en este tipo de escenas es directa, los mendigos o los trabajadores más desfavorecidos como los vendedores de periódicos, repartidores, vendedoras de castañas, se suceden a lo largo de repertorio iconográfico. Duras escenas diarias donde el hambre, el paro y la pobreza son habituales. La resignación y dignidad de los personajes se repite en escenas de interiores oscuros, como en las desarrolladas en el interior de un bar o una precaria cocina, a veces con similitudes cercanas a Ricardo Baroja o a algunas de las escenas que Pancho Cossío había plasmado en las ilustraciones del libro *Hampa. Escenas de la mala vida* cuyo texto publicó en 1923 José del Río (*Pick*).

En algunas las representaciones de Mauro, realizadas directamente en dibujo sobre papel y en otras a través de la estampación a partir de planchas de linóleo, el juego de luces y sombras acentúa aún más la soledad y precariedad. Son escenas sin mucho detalle, con una auténtica economía de medios, en donde los personajes apenas aparecen rodeados de un mobiliario o arquitectura encuadrando la escena, es decir, los personajes están situados en un contexto también precario, en cuyos rostros o posturas de sus cuerpos se centra la narración, un contexto oscuro, sin futuro.

En otras ocasiones, sus narraciones están más cercanas a la caricatura, en donde los hombres poderosos, trajeados disponen de una iconografía centrada en las grandes cabezas de sus personajes, similares a "cabezones" como las representados a finales del siglo XIX por caricaturistas e ilustradores como Ramón Cilla. Frente al poderoso, hombre de empresa o banquero, seres en minoría como los trabajadores, hombres o mujeres, aparecen dominados por el poder.

Mauro fue testigo y protagonista de su tiempo, comprometido a pesar de su timidez y prudencia con los problemas y desigualdades que le rodearon. Esta exhibición es solo una pequeña parte de lo que el conjunto que ya forma parte del patrimonio universitario de la UC y, así, también de la cultura e historia regional.

ESTUDIO

Torrelavega siglos XVIII-XXI.
Auge y crisis de una vieja villa señorial devenida en núcleo industrial

MIGUEL ÁNGEL SÁNCHEZ GÓMEZ
Universidad de Cantabria

A lo largo de los tres últimos siglos, Torrelavega sufrió una trascendental transformación que la ha transportado desde la aldea señorial de origen medieval a mediados del siglo XVIII, hasta constituirse en el epicentro de Cantabria y el único núcleo fabril verdaderamente importante de esta parte de la cornisa cantábrica, paréntesis entre los vecinos vascos y asturianos. Es difícil, sin recurrir a los análisis históricos, comprender la evolución que ha transformado la vieja villa señorial en uno de los núcleos económicos más pujantes del norte de España, si bien es verdad que, como consecuencia de la pérdida de vitalidad de estas mismas regiones norteñas, Torrelavega acentuó también su decadencia en las últimas décadas del siglo XIX, pero desarrollándose como un núcleo puntero aupado por efecto sobre todo por su excelente posición geográfica –en el eje de comunicaciones con la franja cantábrica y entre ésta y la meseta castellana–, si bien es verdad que este proceso fue una consecuencia de una evolución cuyos principales episodios tuvieron lugar en las décadas finales del siglo XIX y en las iniciales del XX.

No obstante, ya desde mucho antes, la ciudad disfrutaba de una superioridad político-administrativa al ser la villa de La Vega el epicentro del señorío dc la casa ducal del Infantado, lo que se unía a la tradicional relación comercial con las comarcas castellanas proveedoras de cereales y vino, la existencia de establecimientos preindustriales con aportaciones en mano de obra, tecnología y capital foráneos, la abundancia de fuentes de energía y materias primas, unas mínimas facilidades en algunos factores como las comunicaciones, entre otros, lo cual forma parte del desarrollo de Torrelavega en las décadas finales del siglo XIX y primeras del XX, situación que parte de unas condiciones preexistentes, sin haber surgido exnovo.

Las etapas y las razones de estos desarrollos en Torrelavega y toda la cuenca del Besaya son diversas, algunas de ellas tomadas sin la participación torrelaveguense. Paso a detenerme en algunos de los momentos de especial singularidad e importancia en esos desarrollos que acabaron por conformar la sociedad que conoció el siglo XX.

Fue decisiva piedra de toque la apertura del camino de Reinosa, lo que significó que la villa se convirtiera en un punto crucial de la ruta harinera por la cercanía del puerto de Santander, con el puerto de Requejada. Los efectos de estos cambios trajeron una serie de consecuencias: aumento demográfico, implantación de nuevos sectores productivos y diversificación social. Todos ellos significaron en conjunto un aumento de los gastos de la hacienda municipal, lo que la empujó en 1766, a solicitar a la Corona, consiguiéndolo, un mercado semanal, pero que no se celebraría en su primera edición hasta 1799. La causa del retraso fue el enfrentamiento entre dos grupos familiares locales, unos representantes del sector rentista y más retardatario con contactos con la pequeña nobleza local y otros integrados en el pequeño comercio local.

A partir de ese año, la celebración del mercado local también sería fundamental elemento de transformación. Significará el declive de los viejos linajes –de origen bajomedieval– en beneficio de otros grupos ascendentes al socaire de los cambios y transformaciones sociales que se habían despertado con las mutaciones económicas generadas por la apertura del camino que ponía en comunicación la meseta castellana con las colonias americanas. Nuevas tecnologías, nuevas actividades, nuevos hombres acudieron a la zona al calor del tráfico comercial que corría por la arteria del Besaya.

Molinos, tenedurías o fábricas textiles, brotaron en unas décadas al contacto con los capitales foráneos –vascos o castellanos– sobre la vieja infraestructura autóctona.

Los antiguos molinos harineros para satisfacer el consumo local se transformaban en "fábricas de harina". Se construía una pasmosa, y efímera, fábrica de hilados, ya que el propio Duque del Infantado, señor del lugar, con extensas posesiones en toda España, eligió Torrelavega para sus devaneos industrializadores. El influjo de Torrelavega se extendió no solo por los pueblos que conformaban la antigua jurisdicción del Señorío de la Vega, sino que paulatinamente se amplió cual mancha de aceite por los valles occidentales hasta la misma raya asturiana.

Es en estas primeras luces del siglo XIX cuando ya empezó a perfilarse uno de los pivotes de la significación de Torrelavega en el contexto regional, la actividad ganadera. Y no tanto como centro de cría de ganado vacuno –dado el reducido ámbito geográfico del término municipal– sino como centro comercializador de la importante actividad ganadera que históricamente había tenido La Montaña desde los albores de la Edad Moderna. Los primeros pasos en ese sentido no se darán a mediados del siglo XIX; por el contrario, la primera propuesta se hace en la temprana fecha de 1800 con el fin de captar el auge ganadero provocado por la apertura del Camino de Reinosa con el consiguiente correlato del aumento de la cabaña ganadera destinada a aportar fuerza de tracción para la carretería. El motivo seguramente sería el mismo que el del mercado semanal: aprontar ingresos para la hacienda local, cada vez más obligada a soportar gran parte de los gastos producidos por las nuevas actividades, tráficos y flujos que se desarrollaban fundamentalmente en la franja central de la Cantabria de la época, sobre todo en torno al eje del Besaya y hasta Santander.

Sin embargo, no será hasta las décadas centrales del XIX cuando cuajen estos primeros intentos de convertir la villa en centro ganadero. A ello coadyuvará la construcción del ferrocarril de Isabel I. En primera instancia, la actividad pecuaria se manifestará en forma de mercado quincenal desarrollado en La Llama. En principio, balbuceante y en abierta competencia con otros puntos de la región. Pero a lo largo de la segunda mitad del siglo XIX, una serie de circunstancias como su situación privilegiada –reforzada a principios del siglo XX con el tendido del Ferrocarril del Cantábrico-, la crisis agraria de finales del siglo XIX (que orientó definitivamente al mundo rural montañés hacia la especialización pecuaria) y una creciente demanda urbana de productos lácteos, dio el espaldarazo definitivo y sus ferias quincenales empezaron a superar, incluso, a las anuales celebradas en otros puntos como las de Reinosa o Puente San Miguel.

Compradores no solo de Cantabria, sino de otras provincias, vecinas o más lejanas, comenzaron a acudir habitualmente a las ferias torrelaveguenses. A ello contribuyó la citada situación central de Torrelavega en los ejes de las comunicaciones.

Es en el proceso de la lucha por el control del espacio ganadero donde se puede descubrir una de las características de la historia de Cantabria, no solo de la época, sino de tiempos mucho más anteriores –incluyendo épocas bajomedievales– hasta hace algunas décadas. Se trata de la lucha por la capitalidad regional. Esta competencia que se desarrolla a lo largo de varios siglos entre algunos puntos de Cantabria –Laredo, Puente San Miguel o Santillana del Mar-, también tiene su manifestación en el caso de Torrelavega. Solamente que, si en los casos anteriores, la lucha es de carácter político-administrativo, en el de Torrelavega es casi económico.

Este tipo de confrontaciones por el puerto de Requejada entre Santander y Torrelavega se trasladarán al campo de las infraestructuras. No en vano la pugna entre partidarios de que el ferrocarril de Isabel II acabase en Requejada y no en Santander, saltó de las páginas de los periódicos a la liza política. Pero también ocurrió con el hecho de que Torrelavega tuviese su propia Cámara de Comercio al tiempo que se creaba la de Santander -fundada en 1886-. Esta misma pugna de carácter económico, se transparentará a lo largo de la segunda mitad del siglo XIX con el intento del Consejo Provincial de Agricultura de situarse en Santander, con el control del mercado ganadero en perjuicio de Torrelavega, pugna que en 1941 hizo temer al alcalde santanderino D. Emilio Pino Patiño, la pérdida de la capitalidad con motivo del desgraciado incendio de Santander.

Torrelavega que, a partir del último cuarto del siglo XIX, con la definitiva crisis del comercio ultramarino –ya reducido a las colonias antillanas– verá transformado su papel como etapa intermedia entre el puerto santanderino y la meseta castellana. A partir de entonces y en base a su abundancia de fuentes de energía, acabará convirtiéndose en el epicentro de la industria regional – al menos hasta finales de los años setenta-, sustituida después por la propia decadencia de la industria local y por el empuje de otras zonas de Cantabria, en concreto en el arco sur de la bahía santanderina.

En la primera mitad del siglo XX, una serie de industrias de gran porte (Solvay en 1904, Continental en 1936 e SNIACE en 1941) se instalan en el municipio, iniciando el gran ciclo industrial caracterizado por el predominio de la gran empresa transformadora de los recursos naturales.

Junto y merced a ella surgen multitud de pequeños talleres subsidiarios de la gran actividad industrial generada por las empresas citadas anteriormente. Ello facilitará la conformación de un espacio industrial articulado de proyección supramunicipal. Al tiempo van surgiendo una serie de actividades de carácter terciario –centros hospitalarios, de enseñanza, teatros, instalaciones deportivas...-, mientras se consolida la feria ganadera.

Evidentemente, la mayor parte de las condiciones que colaboraron en la implantación de las grandes industrias: abundancia de agua, situación privilegiada, mano de obra numerosa,...ya estaban dadas desde mucho tiempo antes, pero ahora la nueva situación económica, con importantes llegadas de capital foráneo, dentro de la creciente subordinación y dependencia de Cantabria respecto al mercado exterior y de adecuación a los intereses del capital extranjero, coloca a Torrelavega con cierta ventaja con respecto al resto de las comarcas cántabras. Ello fue pues la causa de la instalación en la cercana Reocín de la Real Compañía Asturiana de Minas, fundada a mediados del siglo XIX.

La instalación de esta empresa sí supuso un cambio radical en el paisaje socioeconómico de la zona, ya que significó un fortísimo crecimiento demográfico puesto que la ciudad pasó de los poco más de los 1.000 habitantes en 1851 hasta los más de 2.500 en 1860 nueve años más tarde; es decir, en menos de una década. Torrelavega duplicó largamente su población, característica sobresaliente de la historia de la ciudad: su explosivo crecimiento. Pero por otra parte, la instalación de la RCA, significó el principio del fin de la economía tradicional para la población del entorno, ya que incorporó a la mano de obra campesina al moderno sistema de relaciones de producción. Comienza así el proceso de integración del campesinado local en la economía moderna. La RCA es, pues, la avanzadilla del capital extranjero que continuará con las empresas antes citadas.

Ello también provocará la paulatina desaparición de una de las características de la sociedad local, puesto que se pasa repentinamente de una zona de emigración a otra de inmigración. La continua llegada de mano de obra requerida por las nuevas actividades económicas es la principal razón del fuerte crecimiento demográfico antes citado. Pero, por otro lado, aunque estas instalaciones fabriles significaron la estabilización de la población rural –además de la llegada de nuevos elementos humanos- en el fondo, el campesino no dejó de ser un verdadero emigrante, pero ahora sus inaplazables desplazamientos tenían un radio de acción mucho más corto, cortísimo en puridad. Sin embargo, no dejaron de mantener nunca por completo su condición de agricultores-ganaderos.

Después de la RCA y antes de la llegada de las otras "grandes", se asiste a una etapa en la que el tejido industrial se alimenta de industrias más tradicionales, con mayor arraigo en la historia económica de Torrelavega. Se fundan establecimientos de productos alimenticios y de curtidos. En 1895, como signo de los tiempos se crea una fábrica de producción eléctrica, la Compañía General Eléctrica. A continuación vendrá el auge de las empresas con la emergente producción láctea, dedicación definitiva que acaba tomando el mundo rural montañés, tras la grave Crisis Agraria finisecular.

Ello implica un fuerte crecimiento demográfico duplicando su población en los treinta años que median entre 1900 y 1930, pasando de los 7.777 hasta los 15.933 habitantes entre ambas fechas. La llegada de nuevos habitantes y la diversificación de actividades confirman a Torrelavega como el segundo núcleo de Cantabria, después de la capital. A ello contribuye la creciente terciarización de la ciudad, convirtiéndose en el centro comercial de la zona occidental de la región.

Esta situación permanecerá invariable hasta la segunda mitad de los años setenta en que la crisis económica afectará especialmente a las grandes empresas que reaccionarán adelgazando sus plantillas. La posterior entrada de España en el Mercado Común Europeo, provocará un reajuste en el sector ganadero cántabro lo que conducirá a una cierta inestabilidad en el Mercado Nacional de Ganados de Torrelavega, otra de las "grandes" empresas de la ciudad – inaugurado en 1974 – y auténtica caja de resonancia del sector ganadero para toda la Cornisa Cantábrica. El cambio de orientación, en detrimento de la opción lechera, que provoca la competencia europea, hace volver a la ganadería montañesa a su primigenia orientación: el abastecimiento cárnico.

La crisis que, en conjunto, atravesará la comarca torrelaveguense tendrá una difícil solución y está inscrita en el marco general de las dificultades por las que atravesaron en general las regiones que bordeaban la fachada atlántica. La insuficiencia de las comunicaciones, el desplazamiento de los ejes de la economía mundial hacia las costas del Pacífico, la crisis del modelo industrial tradicional basado en las grandes industrias en torno a las cuales crecían como hongos decenas de pequeños talleres complementarios, la crisis de la minería norteña, la entrada en competencia directa con los productos agropecuarios europeos –competencia ante la que apenas se había hecho nada en materia de reforma de las estructuras del mundo rural-, la caída de los regímenes económicos proteccionistas; todo ello condujo a la más seria crisis de la comarca torrelaveguense desde su ascenso a centro fabril de primera magnitud.

Las "salidas" a la crisis –a falta de un estudio serio y riguroso– podrían pasar por renovar y adecuar sus potencialidades, algunas de ellas tradicionales: magnífica situación para conectar la costa con el eje Palencia–Valladolid, tan atractivo para Cantabria como lo fue en el pasado, centro mercantil basado en la actividad ganadera o la sustitución de la "gran industria", altamente contaminante en algunos casos, por la investigación y la industria medioambiental. Era muy difícil seguir manteniendo actividades contaminantes y degradantes con escasas posibilidades de supervivencia. No parece que en ese sentido se diesen los pasos más acertados.

A medida que fue creciendo la presencia de las grandes industrias en Torrelavega y su comarca, fue naciendo en ella el movimiento sindical. A finales del siglo XIX ya hubo en la ciudad y en otros lugares cercanos huelgas y otros disturbios sindicales. Así ocurrió en Reocín, en la fábrica de tejidos La Emiliana de Las Caldas y en las fábricas de curtidos. En la mayor parte de los casos los motivos fueron la reducción de la jornada laboral que era de once horas y media. También se pedían mejoras salariales e higiénicas, como poder tener agua potable o en algún caso para poder tener tiempo libre para el almuerzo diario en las fábricas. El descontento de la clase obrera era palpable y creciente.

Dentro de ese ámbito, puede incluirse la fundación en 1892, de la Escuela de Artes y Oficios con el objetivo de dar formación a los obreros, no política ni social, sino puramente laboral. En 1902 se crean en Torrelavega las sociedades de resistencia, que eran muy similares a los sindicatos actuales. En 1903 se fundó la primera Federación Obrera de Torrelavega. Sin embargo, se conserva una carta de Pablo Iglesias dirigida a los dirigentes obreros de Santander en la que les comunica que "está harto de esa Federación Torrelavega y que esa Federación no existe o existe solamente en la cabeza de algunas personas". En ese mismo año se crea la Federación Obrera de Torrelavega, que ha existido hasta hace escasas décadas, a veces con otros nombres.

Asimismo, y bajo la influencia de la Encíclica *Rerum Novarum* del Pontífice León XIII, el movimiento católico obrero tomó carta de naturaleza en Torrelavega; de hecho, se formó en 1904 el Círculo Católico Obrero, lo que indica que cuando la reina regente María Cristina concedió el título de ciudad a la entonces villa torrelaveguense, ya funcionaba en ella una liga o movimiento obrero. Años más tarde, este proceso creció cuando se fundó la H.O.A.C. (Hermandad Obrera de Acción Católica), que se desarrolló especialmente en las grandes empresas industriales, como fue el caso de SOLVAY.

Mauro Muriedas nació en la primera década del siglo XX (1908) y vivió hasta el invierno de 1991 como un testigo excepcionalmente sensible y poroso para analizar y recrear artísticamente el pulso social de todo este universo en transformación. Quienes recorran las salas de la exposición y lean cuanto transmite de estas experiencias históricas sus obras disfrutarán de la fina labor de dibujante y cualificado observador de un mundo en transformación.

ESTUDIO

Los trabajos y los días de Mauro Muriedas

LUIS ALBERTO SALCINES
Fundación Bruno Alonso

Hace algunos años, tres, cuatro, la memoria me resulta cada vez más imprecisa, comenté con Mauro Muriedas, hijo, la posibilidad de que cediese la obra sobre papel de su padre a alguna entidad pública de Cantabria para que la conservase y catalogase. Dada la generosidad y desprendimiento de Maurín, enseguida le pareció bien, no sin antes restar importancia a su verdadero valor. ¿A quién le puede interesar? Mi padre sólo era un artesano. Pero en el fondo sabía que no era verdad. Que detrás de los dibujos y tallas que realizó había un verdadero artista que supo reflejar en los rostros de los personajes que fijó en el papel o la madera la sociedad de su tiempo, el mundo del trabajo y el sufrimiento, de los desfavorecidos de la sociedad, de los humillados y ofendidos, personajes que él conoció pero que para el resto de los espectadores eran seres anónimos que se convertían al pasar por las manos de Mauro Muriedas en personajes universales metáfora del tiempo que le tocó vivir.

Una vez planteada la idea de la cesión de la obra, se trataba a continuación de elegir el espacio más adecuado que la acogiera. Después de barajar varias alternativas a Maurín le pareció la más interesante la de la Universidad de Cantabria. Tenía implantación con dos Centros universitarios en Torrelavega, un departamento de Arte con una rigurosa trayectoria en cuanto a programación de conservación, exposiciones y una importante colección de arte, en gran parte contemporáneo. El que estuviese alejada de los vaivenes políticos de otras instituciones, era una garantía de continuidad y valoración.

El siguiente paso fue ponernos en contacto con el Vicerrectorado correspondiente. Lo hicimos a través de Nuria García, directora de exposiciones de la universidad, a la que yo conocía. Le explicamos la idea y enseguida entendió el proyecto. Se lo transmitiría al Vicerrector, Tomás Mantecón.

Pocos días después recibimos una llamada para concretar una visita y ver las posibilidades que se podían plantear. A partir de ese momento, la favorable y entusiasta acogida por Tomás y Nuria dio lugar a una serie de conversaciones para ir definiendo el legado. Unas veces en la Residencia de Puentenansa donde vivía Mauro, otras en la propia Universidad. Creo que fue la segunda de ellas en la casa en la que vivió la familia en la calle Julián Ceballos de Torrelavega. Allí, donde se conservaba prácticamente toda la obra barroquizando como en un museo las habitaciones, Tomás y Nuria pudieron comprobar la trayectoria artística de Mauro quedando realmente impresionados.

Después de evaluar lo que podía ser legado a la universidad, se decidió que fuese la obra sobre papel, cartulina o cartón, los dibujos (a lápiz, plumilla, carboncillo, bocetos, apuntes...) y grabados. Una relación inmensa que poco tiempo después saldría con destino a Santander llenando cajas y cajas.

La idea, una vez en su destino, era inventariar, catalogar y digitalizar estos fondos para después difundirlos y que estuviesen en las páginas de la Universidad para que fuesen conocidos. El trabajo se presentaba complejo y largo porque se trataba de cientos de dibujos de todos los tamaños y de diferentes dimensiones. Un valor añadido lo constituye el hecho de que muchos de ellos tienen textos escritos por el propio Mauro, reflexiones sobre el personaje que esta retratando o sobre situaciones sociales del momento al hilo de las noticias cotidianas. Esas palabras enriquecen la expresividad de las líneas que trazaba, las contextualizaba y dejaban constancia de la preocupación social de Mauro y de cómo estaba al día de las noticias que sacudían la vida diaria.

Otro de los objetivos que se pretendía con este legado era la posibilidad de organizar alguna exposición a partir del material cedido. Muchos podían ser los argumentos bajo los que se podría reunir la obra sobre papel. De ahí ha surgido el proyecto actual, esta muestra que tiene como eje temático el mundo del trabajo que tan bien conocía Mauro. Recuerdo que trabajó en la RCA, que convivió con los compañeros a los que veía en su esfuerzo físico cotidiano, sus caras de sufrimiento, su lucha por sobrevivir con los anoréxicos salarios, pero al mismo tiempo, conocía a muchos de los obreros que trabajaban en otras de las cuatro grandes empresas que había en la ciudad en los años cincuenta y sesenta, una ciudad obrera.

Eran escenas de la vida laboral, familiar, en las que subrayaba en los rostros envejecidos la dureza del trabajo y la tristeza de una vida si esperanzas. Los hombres con boina, las mujeres con un pañuelo a la cabeza. Si se trataba de compañeros de trabajo, con el casco de minero, en tareas diferentes en la mina, en momentos de descanso o en grupo. Si se trata de representar a la familia, en el ámbito íntimo de casa, comiendo o ante un vaso de vino en atmósferas de una profunda tristeza.

De un modo más general, Mauro plasmó otros oficios realizados por gente que conocía y que también estaban en la precariedad que denunciaba siempre. El carromatero, el ciego vendedor de cupones, el albañil, tornero, afilador... Muchos de ellos personas populares de Torrelavega. En algunos dibujos, a modo de viñetas de humoristas gráficos, escribe textos breves o pega recortes de periódicos a modo de gritos contra la injusticia denunciando la situación en la que viven estas personas y sus familias.

El hambre, los salarios de miseria, el paro, gente pidiendo limosna, son algunos aspectos del mundo laboral denunciados por Mauro. En algunos señala de un modo directo a sus responsables. Escribe en uno de los dibujos: *General vende su empresa Firestone cerrando la puerta del trabajo a 500 obreros. La cesta de Navidad 2 millones de parados* (1979). *Pido trabajo para dar pan a nuestros hijos* (1980). *Familia en paro* (1981). *Hogares sin pan hogares sin calor caras demacradas por el hambre y el dolor...* Otros pueden considerarse como un lema pronunciado en una manifestación o un mitin: *Compañeros de trabajo basta de estar debajo* (1997).

La datación de sus obras, también en madera, evidencia su compromiso social hasta los últimos años de su vida y facilita la comprensión del mensaje y la evolución de su forma de pensar y crear. Asimismo, su relación con las esculturas. Algunos dibujos no dejan de ser bocetos en los que va definiendo el modo de llevarlos a la madera. La relación entre algunos dibujos y las esculturas en madera definitivas sería otro argumento posible para una exposición.

Finalmente, quiero expresar las gracias a Maurín por su generosidad por este legado inapreciable a todos los ciudadanos. Agradecimiento extensivo a la Universidad de Cantabria por recibirlo con el compromiso de conservarlo y proyectarlo para contribuir a difundir la obra de este gran artista y humilde al mismo tiempo. Especial agradecimiento a Tomás Mantecón y Nuria García que hicieron suyo este proyecto desde el primer momento.

—————— ESTUDIO ——————

Alma artística de leñador

ANTONIO MARTÍNEZ CEREZO
Real Academia de Bellas Artes de San Fernando

Debes pagar con tu trabajo
el precio de tu vida

Focílides de Mileto

MAURO MURIEDAS DÍEZ (1908-1991) nació para el mundo del arte con alma artística de leñador. Lo que debe entenderse como un elogio. Cuanta obra artística suya va incesantemente apareciendo (dibujos, grabados, esculturas...) parece trazada a golpe de hacha, con hachuela.

Alejado siempre del trazo delgado, fino, elegante, enroscado, arabesco, envolvente, su dicción artística se orienta decididamente hacia la representación sombreada, corpórea, volumétrica. La densidad de sus figuras es por demás manifiesta. No son formas que vaguen indecisas, manifestándose al azar. Ni siquiera en los primerizos dibujos a lápiz, los del aprendizaje y la afirmación. Antes bien, son formas densas, amarradas, concretas, con asiento, con peso, con volumetría, formas que ocupan un preciso lugar en el espacio, su espacio.

Como tan elocuentemente prueba la sobria escena de una pareja que mata el cotidiano tedio del cotidiano existir jugando a las cartas sentada a la mesa, más probablemente en la cocina de casa que en el rincón de una taberna, con visera él y con pañuelo sobre la cabeza ella, bebedor de vino el hombre y a dos velas la mujer, jugando a encontrarse los bien calzados pies bajo la mesa.

Espléndida xilografía, con espacios tan concluyentes que pueden medirse, pesarse, perimetrarse, calibrarse, tanto por tanto igual a tanto. Son prototipo fiel y cabal del laboral catálogo de formas humanas del artista-obrero Mauro Muriedas. El sencillo mundo menestral. El simple mundo de los menestrales. Quienes tienen un oficio y lo ejercen. O quienes viendo hacer y haciendo han aprendido también ellos a hacer. Mecánicos. Operarios. Jornaleros. Componedores. Reparadores. Mañicas. Mineros. Dependientes. Taberneros. Carpinteros. Herradores. Mano obrera respetabilísima que se gana la vida con el sudor de la frente y vive sus vidas de puertas adentro, mecánicamente, intranscendentemente, insustancialmente, al margen de la acción política y los vaivenes de la historia, sin dejar huella en la historia.

Es, asimismo, el caso de la estampa, familiar estampa, del BUTANERO. El sufrido individuo que sube penosamente las escaleras con una botella de butano al hombro y una botella de butano en la mano, cogida del asa. Cuya acción discurre ante la atenta mirada de un perro que para sus adentros pensará '¡qué vida más hombre!'. El butanero también gasta gorra. Un elemento distintivo del repertorio de formas de Mauro Muriedas. La visera, la boina, la gorra. Gente que trabaja con gorra, con la gorra calada hasta las orejas, y que únicamente consiente en quitarse la gorra cuando respetuosamente se presenta ante un poderoso mandamás a pedir trabajo o cuando entra en una iglesia y con la cabeza descubierta reverencialmente inclinada solicita del cura la bendición para su necesitada familia.

Si se hiciera un catálogo razonado de la obra de Mauro Muriedas, que algún día habrá que hacerlo a fin de estudiar su producción en profundidad, las formas humanas con gorra darían el cante. En sus representaciones, no hay gente poderosa, elegante, gente con chaqueta, corbata y sombrero. El artista Muriedas no vuela por libre, la saeta de su interés plástico apunta a la realidad cotidiana, al mundo obrero, al mundo del trabajo estipendiado, a tanto la hora, la jornada o el tajo.

FAMILIA EN PARO es una composición dramática. El trabajo es connatural al mundo obrero, su razón misma. Y cuando el trabajo escasea o falta el sufrido mundo obrero languidece ante la falta de pan que llevar a la mesa. Y más que de pan, de esperanza. El sarcasmo trágico español ha popularizado el esperpento de la familia, desheredada de toda fortuna, que cuelga un huevo frito bajo la bombilla de casa para que los hijos sopen la sombra del huevo, la sombra alimenticia que representa la sombra del huevo sobre el humilde plato de huevo vacío.

Mauro Muriedas nada inventó. En su obra representa un tiempo que el viento por fortuna para siempre se llevó. Sin querer queriendo Mauro Muriedas da en reivindicativo, en contestatario. Nunca gratuitamente. Siempre acertadamente con fundamento. Y hasta con lemas para manifestaciones callejeras: COMPAÑEROS DE TRABAJO / BASTA DE ESTAR DEBAJO. Compañeros de trabajo son tanto los de la oficina como los del taller, los de cuello blanco y los de mono azul, los que llevan la corbata por fuera por falta de caudal para comprarse una chaqueta aparente y el minero que ni siquiera tiene para comprar carburo para la linterna del casco.

De mis múltiples y muy dispersas lecturas rescato una oración ochocentista de mucho fundamento y enseñanza que arrancó sonrisas de aprobación de Mauro Muriedas cuando se la recité en la barra de la cafetería Sago, en la llamada ciudad del dólar, en su Torrelavega del alma:

—Dan algunas gentes, aunque nada Den de su mucho Din, en anteponer a su nombre sonoro Don, como si noble fueren, y la tal su historia no encontrárase ni en Dun, ciudad de Francia, que mucho es lo, según decir, pues tantas casas tienen como vocales el abecedario».

DAN DEN DIN DON DUN. Suena a rural campana de campanario con cigüeña. Dan en pasar por notables, y aún notabilísimas, personas que ni el pego dan. Den en ser más comedidos quienes se consideran nacidos en cuna noble. Din con lo que sigue procuren a manos llenas a quienes faltos andan de suelto y atado. Don se lleva a la ducha quienes no se apean del mismo ni para ducharse. Dun resabido se sabe que dan den din don dun murió de un ataque de cultura cuando le cayó encima la biblioteca que no reparó por miedo a ver menguado el mucho din que en la escala social y económica le procuró el don que del padre heredó.

DAN DEN DIN DON DUN. Así suena el martillo en la vulcánica fragua, en el yunque, sobre el hierro al rojo vivo.

Sonido de escultura metálica propia que Mauro Muriedas no pudo acometer por falta de medios económicos. Su obra, toda, es sobre papel. La dibujística. O tallada en madera. La escultórica. Labrada a pulso, con hacha o hachuela, como al principio quedó señalado.

GENERAL VENDIÓ SU EMPRESA A FIRESTONE CERRANDOLA PUERTA DEL TRABAJO A 500 OBREROS. ¿Arte social? Pues sí. O más bien: realidad descarada, realidad al desnudo, sin tapujos, en los cueros vivos. ¿Y ahora qué? Se entredicen, sin palabras, quienes gastan gorra y por nada del mundo pasarían la gorra pidiendo muertos de vergüenza en la puerta de la vela. Porque lo suyo, lo del obrero de casta, no es pedir. El obrero no sabe pedir, vivir de limosnear. Lo suyo, lo del obrero de casta, es trabajar. Y si algo pide, clama, reclama, solicita, implora el obrero es trabajo, un trabajo digno que le permita llevar a casa regularmente un salario digno, con la dignidad que tan dignamente lleva la clase obrera.

Los hijos de la gleba dignificados por el arte. Mujeres y hombres de toda edad y humilde condición viendo la vida pasar, compartiendo arrugas y canas, llevando con dignidad la miseria, la pobreza, la necesidad, solidarizados en la humidad de lo que buenamente hay, lo que da la mata de la huerta casera o lo que procura el jornal diario o el sobre con la paga semanal o mensual, descontado el montepío.

La obra de Mauro Muriedas es el recordatorio de un tiempo para olvidar. Un tiempo en que al pobre le faltaba de todo y en que sonaba a sarcasmo la máxima 'ahorrar es seguridad ante el infortunio'. Qué más quisiera que ahorrar, como previsión ante el infortunio, quien malamente llega a fin de mes. Cierta obra de Mauro Muriedas representa a la perfección la vida de los desheredados de la fortuna, de aquéllos que carecen de todo. De todo menos de dignidad. No pocos de sus retratos de época representan almas graves, perfiladas con punta de acero sobre la lámina de acero del papel de estraza, del vulgar papel de envolver, al acero de su cotidiano realismo sin excesos ni afeites ni ambages. Cicatrices, arrugas, patas de gallo, ojos inoperados, con ostensibles cataratas, bocas desdentadas, sin dientes ni muelas ni cuido, manos rudas, rugosas, callosas, trabajadas... Retratos al minuto. Abuelas con el yermo pelo recogido en moño. Abuelos con gorra sobre la calva labrada a escoplo por los solaneros, por el trabajo a destajo, en los destajos al sol de pueblos, aldeas y ciudades. Abuelos y abuelas del lejano y cercano siglo XX, criaturas de un tiempo que se diluyó afortunadamente para siempre en el mal recuerdo de la España sepia, cuando las cartillas de racionamiento y el rampante estraperlo.

De la obra de Mauro Muriedas puede extraerse una moralidad. No es cierto que cualquier tiempo pasado fuese necesariamente mejor. Ni mejor ni peor. Testigo de su tiempo, el artista Muriedas cuenta lo que el hombre Mauro ve, lo que le rodea, lo que vive, con lo que convive... Para bien o para mal, Mauro Muriedas asume el papel de notario fiel. Que se sepa, el artista (poco amigo de lecturas) no leyó al filosofante Jorge Manrique. Ni falta. Su poesía sin poesía era la poesía sin poesía de la vida cotidiana. La vida misma, la vida al desnudo, la vida. Contemplando su obra artística, no es posible afirmar (sin faltar a la verdad) que a nuestro parecer (coincidente con el del poeta) no todo el mundo pasado fue mejor. De rigor es insistir: ni mejor ni peor. Cada tiempo es lo que es. El tiempo en su natural y propia atmósfera.

Hogares sin pan, hogar sin calor, caras demacradas por el hambre y el dolor. La cuesta de enero. Noche de reyes con los zapatos obreros puertos en los quicios de las ventanas con cortinas de hectores de caña sin labranza, por si los generosos Reyes Magos tienen a bien dejar algo para los nietos. He aquí algunos de los títulos de las obras de esta sorprendente muestra que en los regalados tiempos que corren viene a ser como un aldabonazo a la conciencia de los mangoneros sin conciencia.

Un aldabonazo a la conciencia como el que el siempre inspirado Cervantes acuñó para todo tiempo: «¡Venturoso aquél a quien el cielo dio un pedazo de pan, sin que le quede obligado de agradecerlo a otro que al mismo cielo!».

El pan del trabajo, el pan que se gana con el sudor de la frente, a nadie hay que agradecerlo, sino al cielo, ventura que lo procura. Se come de lo que se gana, se lleva a la mesa el pan del trabajo venturosamente conseguido y mantenido. El pan venido del cielo, no mendigado, es el pan del trabajo, el pan al cielo debido.

La divisoria entre tierra y cielo es fácilmente distinguible en la producción artística de Mauro Muriedas, cuya máxima producción escultórica es profana, no religiosa. Con los antecedentes que hasta aquí han quedado expuestos, se comprenderá que cuando el muy terrenal Mauro Muriedas optó por representar a Cristo en la cruz lo que se salió fue un cristo obrero, más próximo a lo humano que a lo divino.

Sobre el cabezal de la aseada cama conyugal, en el dormitorio de su humilde casa de familia obrera, recuerdo aquel humanizado Cristo suyo, el Cristo obrero de Mauro, tan conmovido como si lo estuviera viendo ahora mismo.

En la blanca pared de la alcoba, sobre el lecho conyugal, lucía descarnadamente humano un cristo en verdad conmovedor, más de este mundo, el terrenal, que, del otro, el celestial, un Cristo que se diría lacerado por el invisible fuego de la forja, infecto el pecho por el azufre de la oscura mina, cuyo sermón de las siete últimas palabras podría resumirse en un conmovedor deseo: «Padre, da trabajo a quien no lo tiene».

P.D. Donado por su hijo, el *Cristo de Mauro* o *Cristo de Muriedas* luce actualmente en la Iglesia parroquial de Tanos; sobre una cruz de madera excesivamente clara e innecesaria. El artista lo concibió sin cruz, crucificado formalmente por la mera forma, en la blanca cal de la pared desnuda.

MAURO MURIEDAS, TESTIGO SOCIAL

Colección UC de Arte Gráfico[1]

[1] Todas las obras reproducidas en este catálogo pertenecen a la Colección Museográfica de la Universidad de Cantabria, Sección Obra gráfica y pueden consultarse en el Gabinete de Estampas Virtual UC, accesible en https://web.unican.es/campuscultural/exposiciones/gabinete-de-estampas.

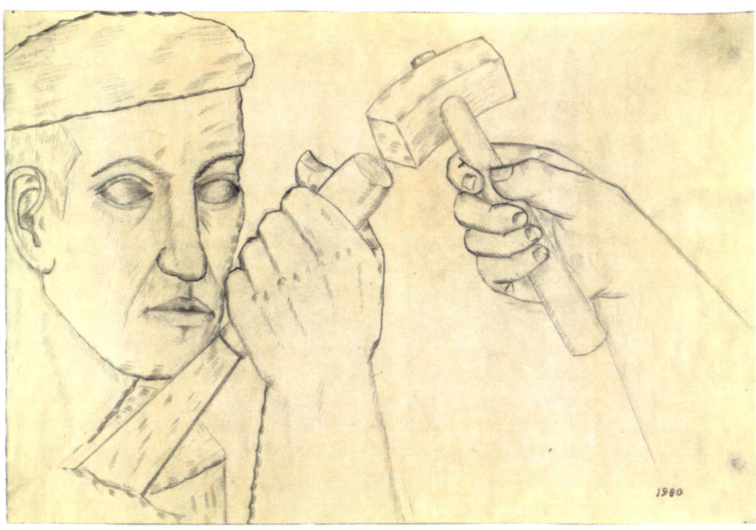

Las manos del artista, 1980
Lápiz sobre papel
377 x 535 mm

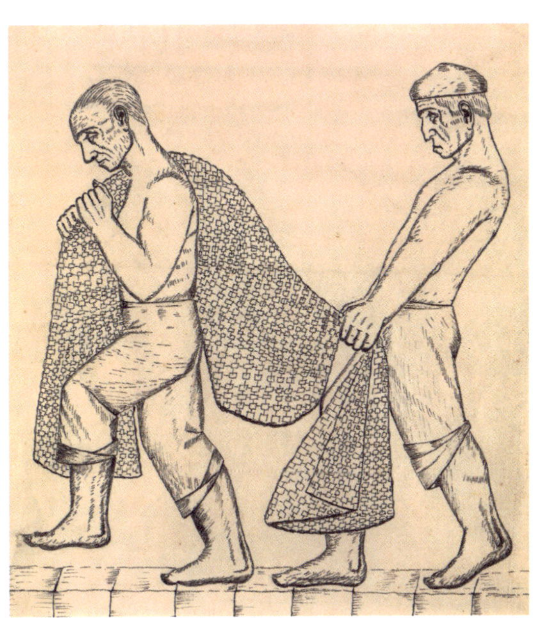

Pescadores llevando las redes
Tinta sobre papel
360 x 335 mm

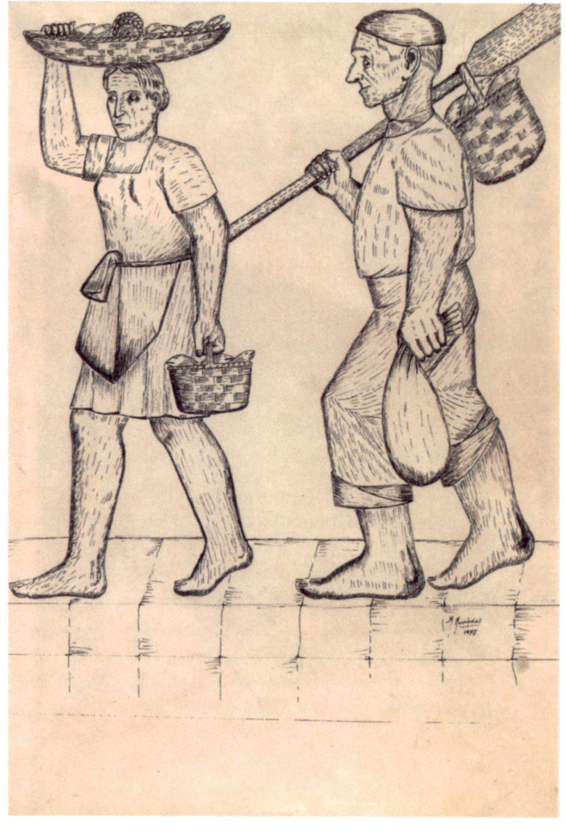

Regreso de la pesca, 1997
Tinta sobre papel
475 x 335 mmm

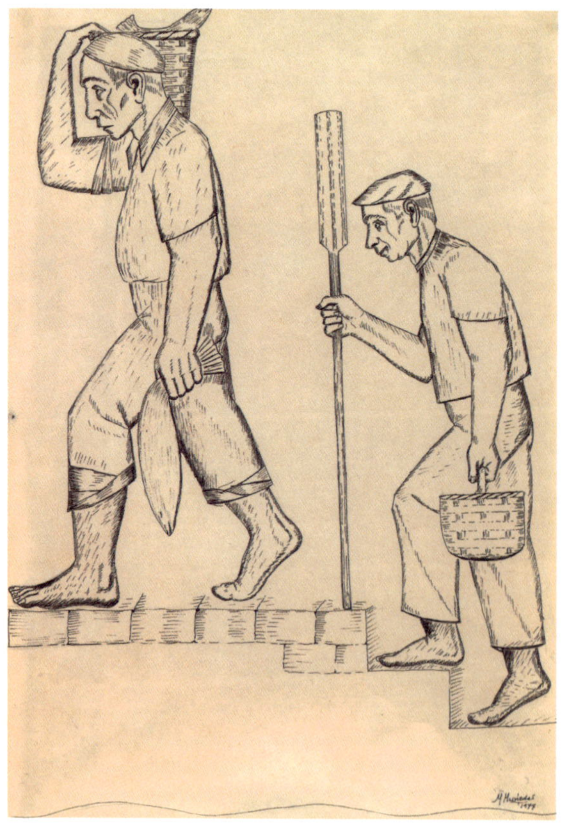

Pescadores
Tinta sobre papel
470 x 335 mm

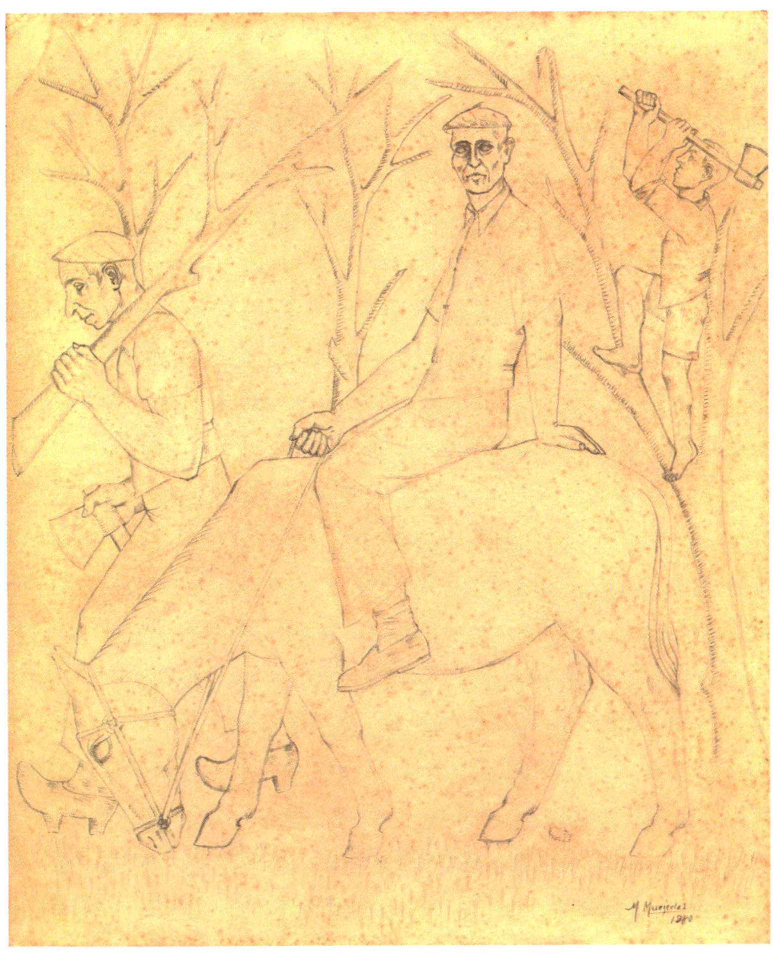

Hombre montado en burro, 1980
Lápiz sobre papel
593 x 497 mm

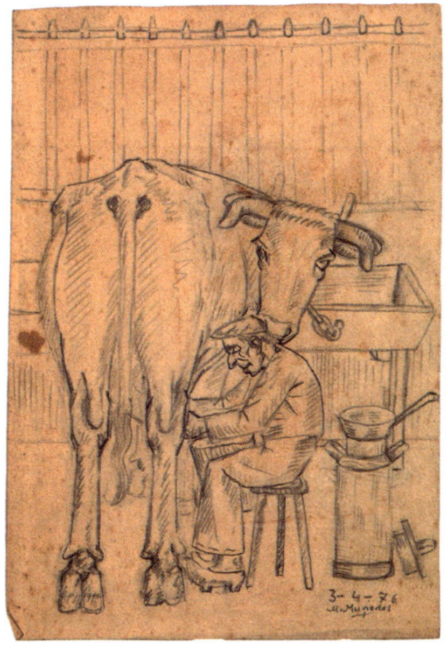

Hombre ordeñando una vaca, 1976
Lápiz sobre papel
215 x 150 mm

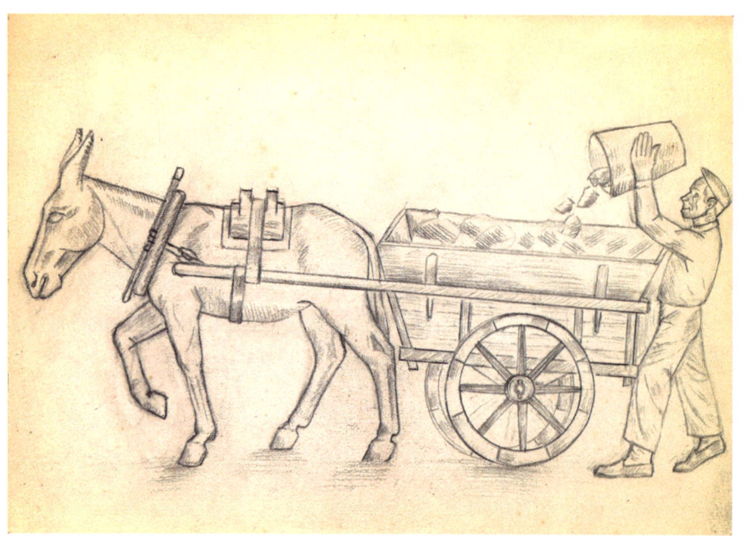

Cargando en un carro tirado por un burro
Lápiz sobre papel
325 x 187 mm

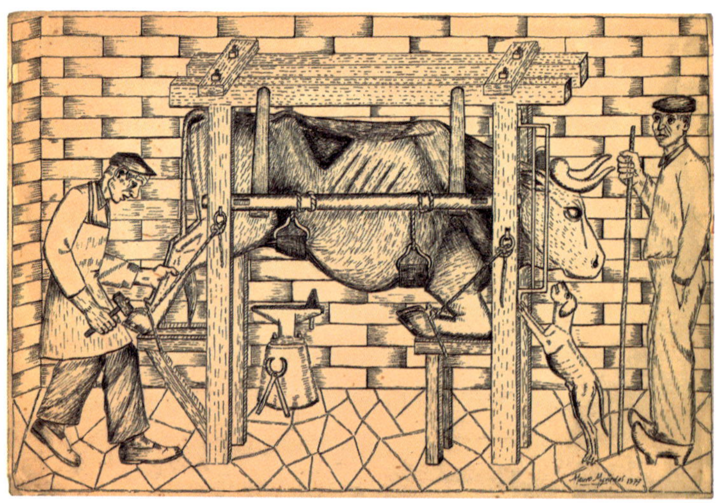

Hombre cambiando herraduras, 1977
Lápiz sobre papel
305 x 460 mm

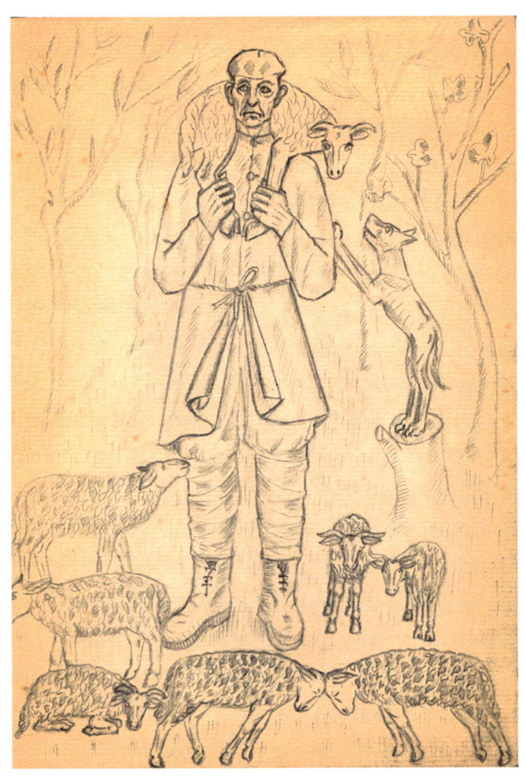

Pastor de ovejas
Lápiz sobre papel
320 x 230 mm

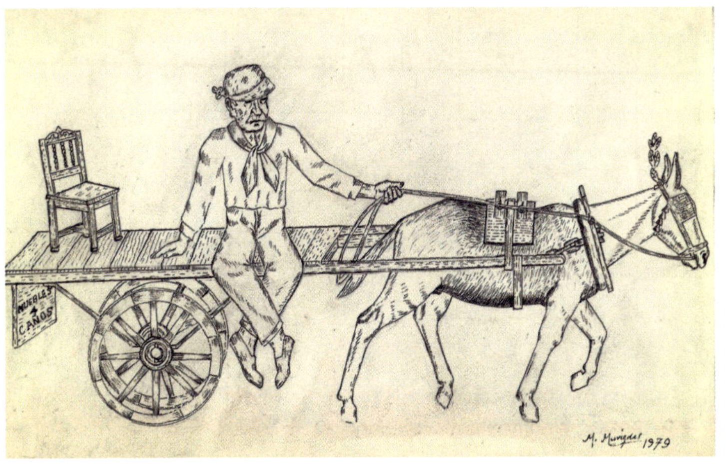

Muebles 4 caños. El Chiribito, 1979
Tinta sobre papel
266 x 403 mm;

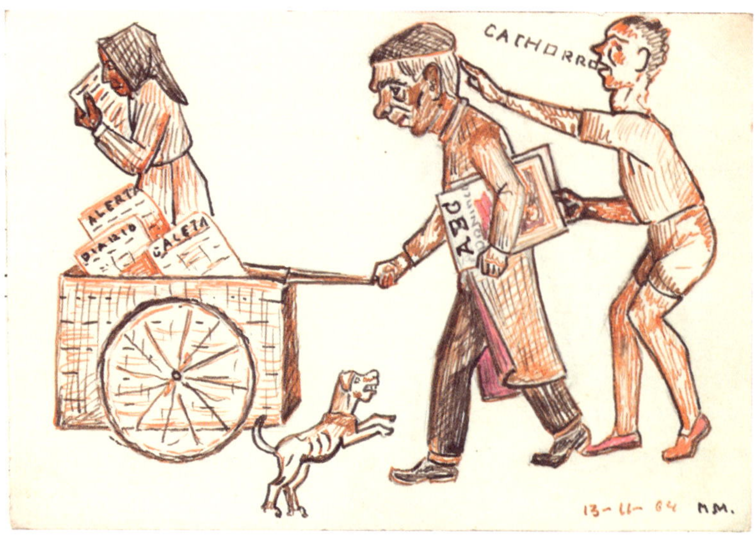

El vendedor de periódicos, 13-11-1964
Rotulador sobre cartulina
115 x 170 mm

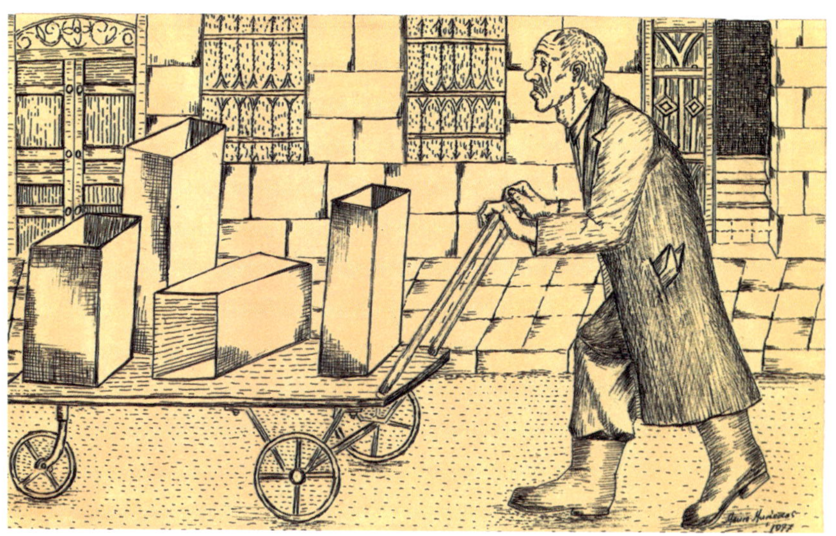

El hombre de los cartones, 1977
Tinta sobre papel
211 x 351 mm

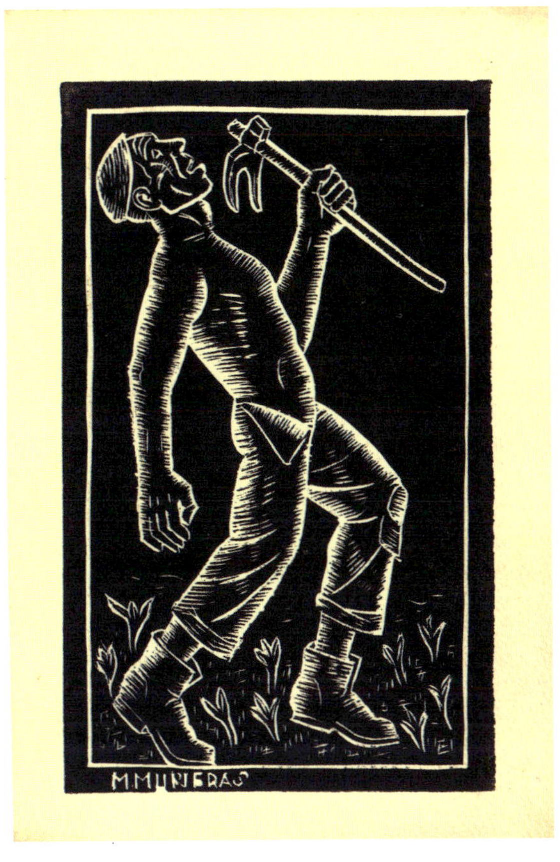

Campesino, 1965
Linóleo sobre papel
Pp. 325 s 225 mm; Pl. 275 x 175 mm

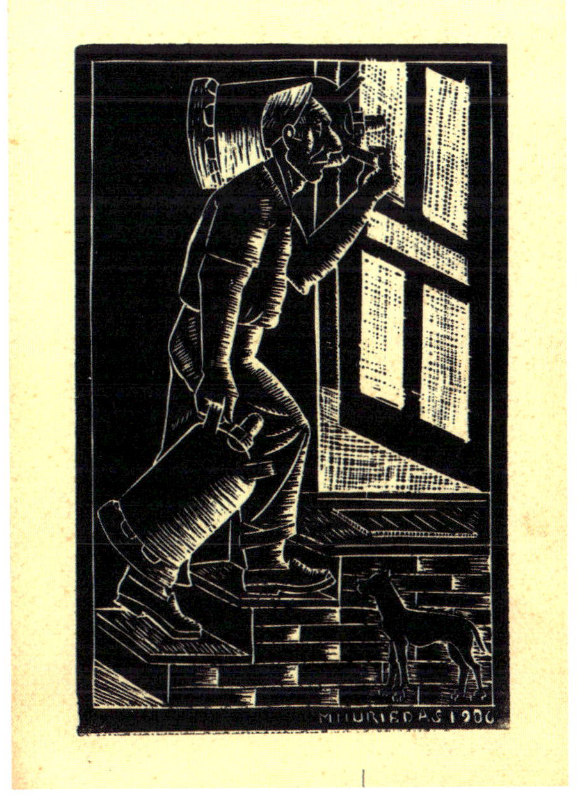

El butanero (I), 1986
Linóleo sobre papel
Pp. 320 x 230 mm; Pl. 275 x 175 mm

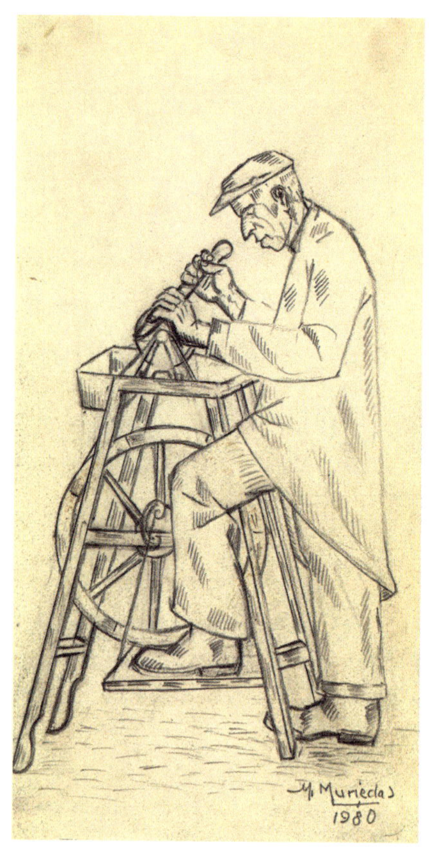

Afilador, 1980
Tinta sobre papel
252 x 130 mm

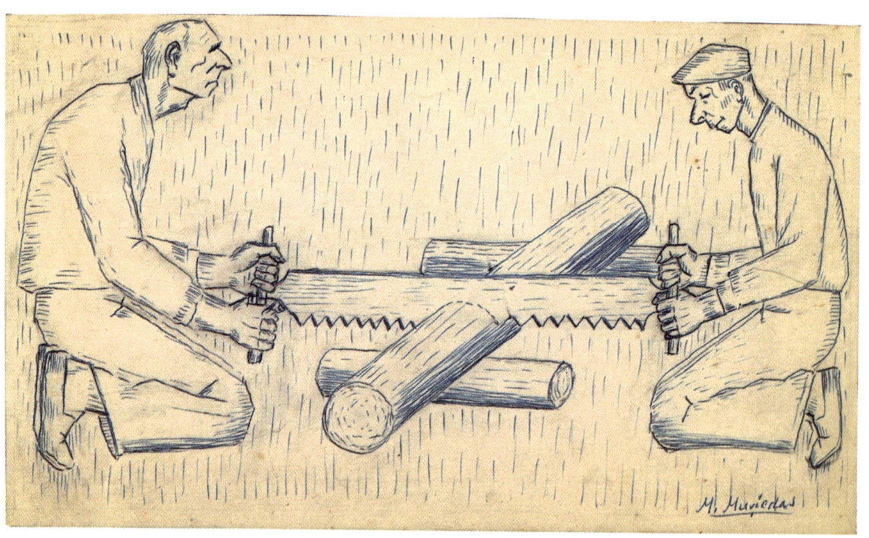

Serradores cortando troncos
Tinta sobre papel
135 x 240 mm

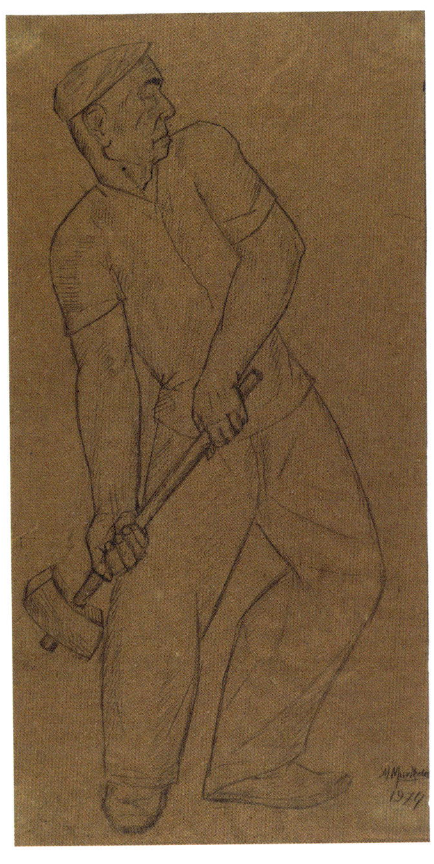

Hombre de la maza, 1974
Lápiz sobre papel
550 x 337 mm

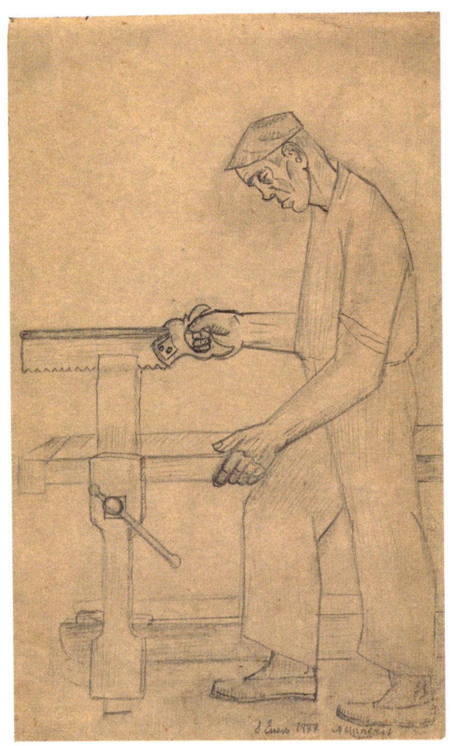

Hombre serrando, 1977
Lápiz sobre papel
300 x 190 mm

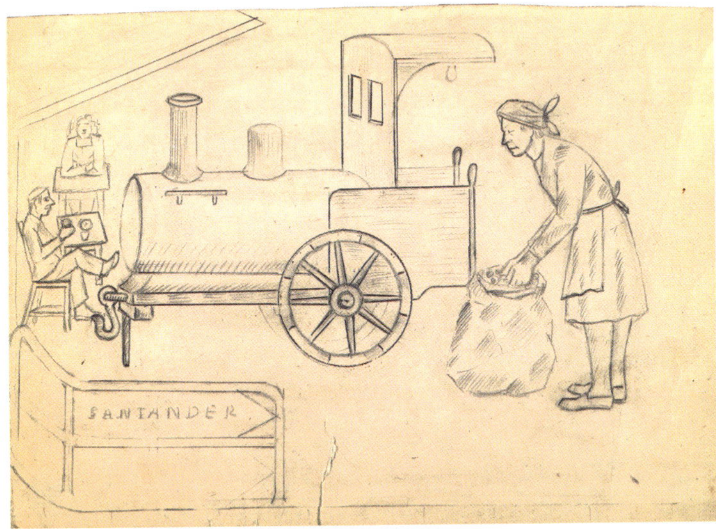

La castañera de Santander
Lápiz sobre papel
210 x 295 mm

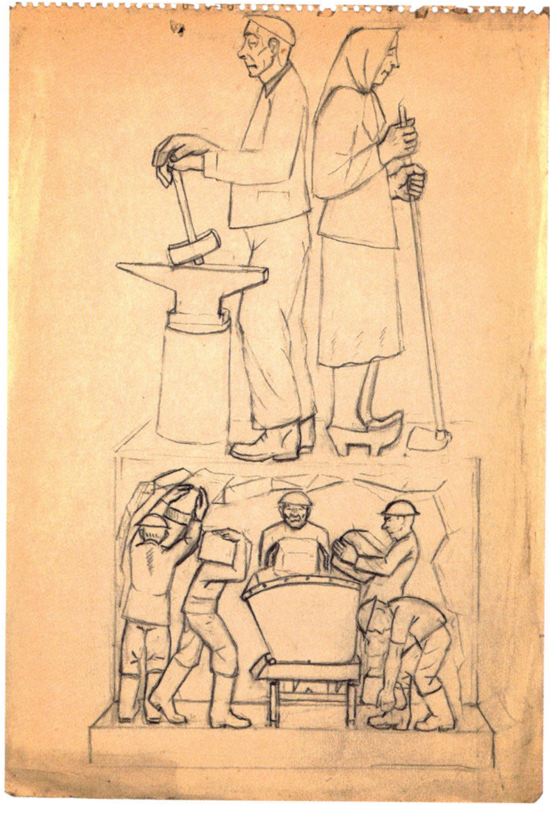

Oficios: labradores, metalúrgicos, mineros
Lápiz sobre papel
340 x 240 mm

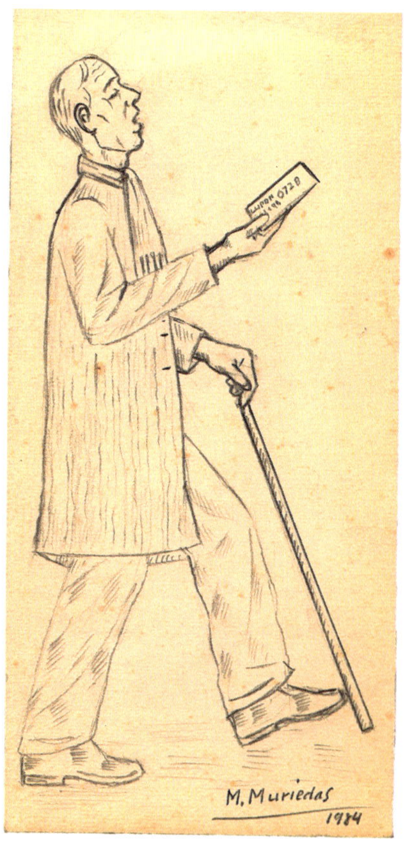

Vendedor ciego de cupones, 1984
Lápiz sobre papel
250 x 120 mm

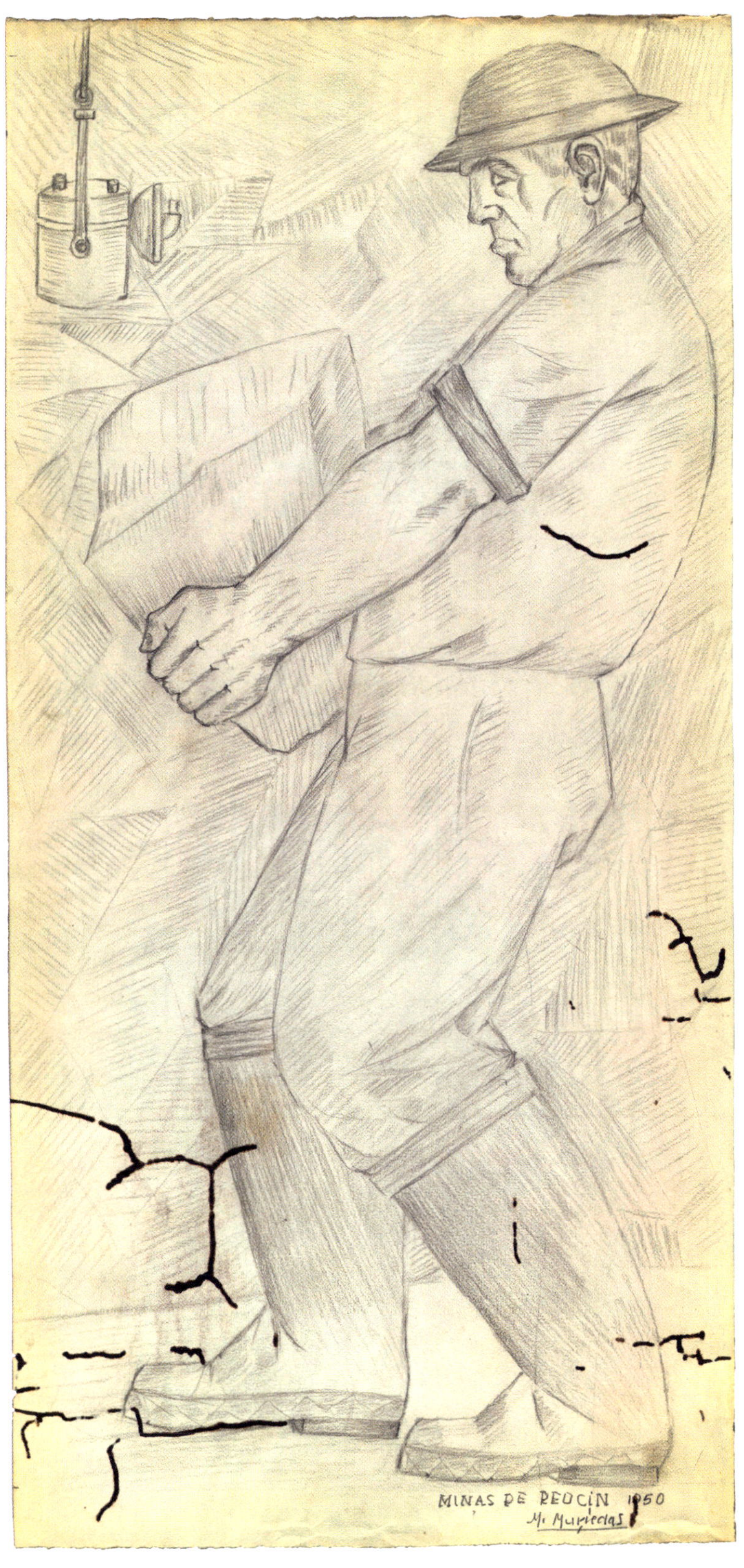

Minas de Reocín, 1950
Lápiz sobre papel
650 x 319 mm

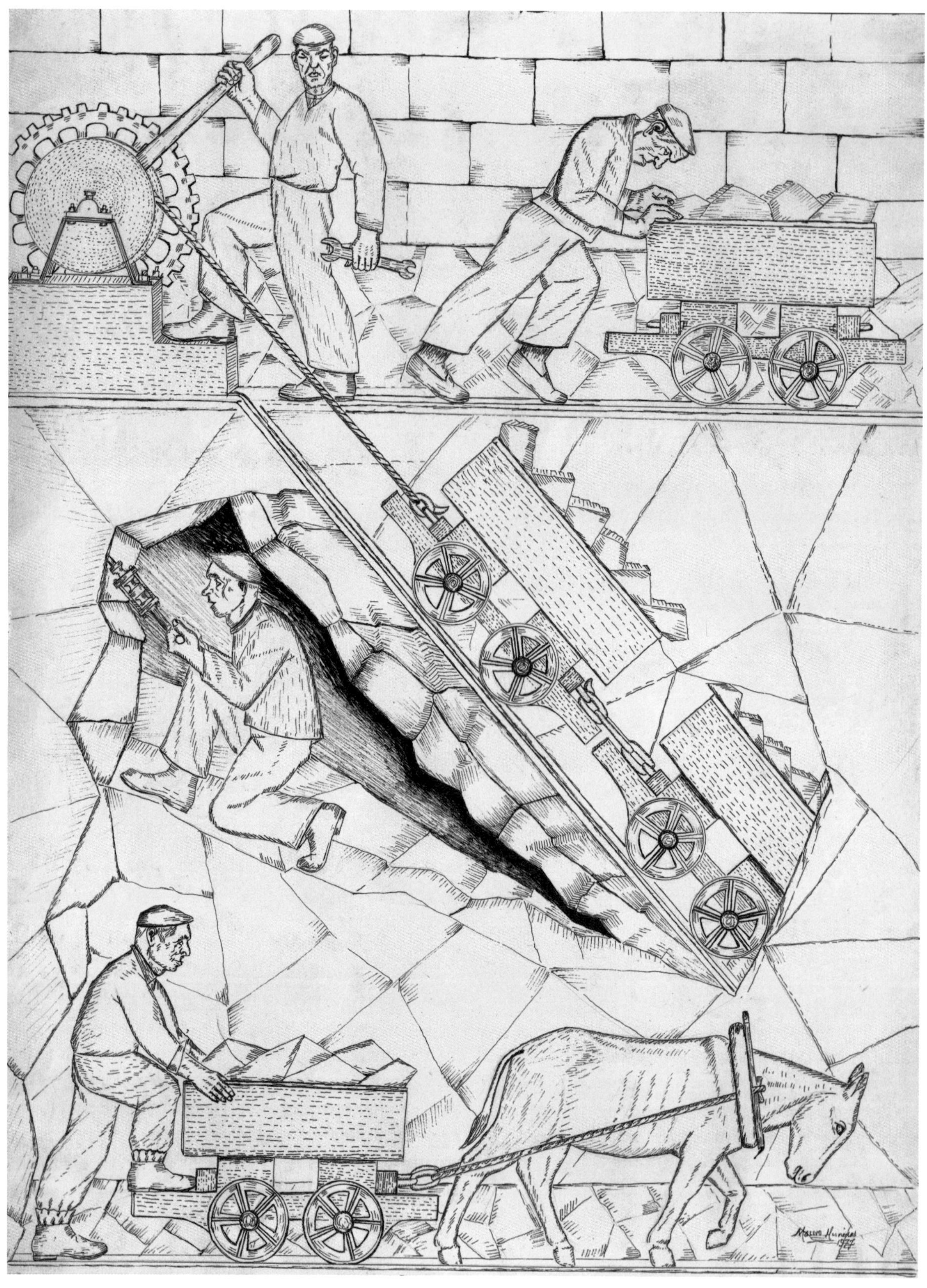

Interior de la mina
Tinta sobre papel
649 x 500 mm

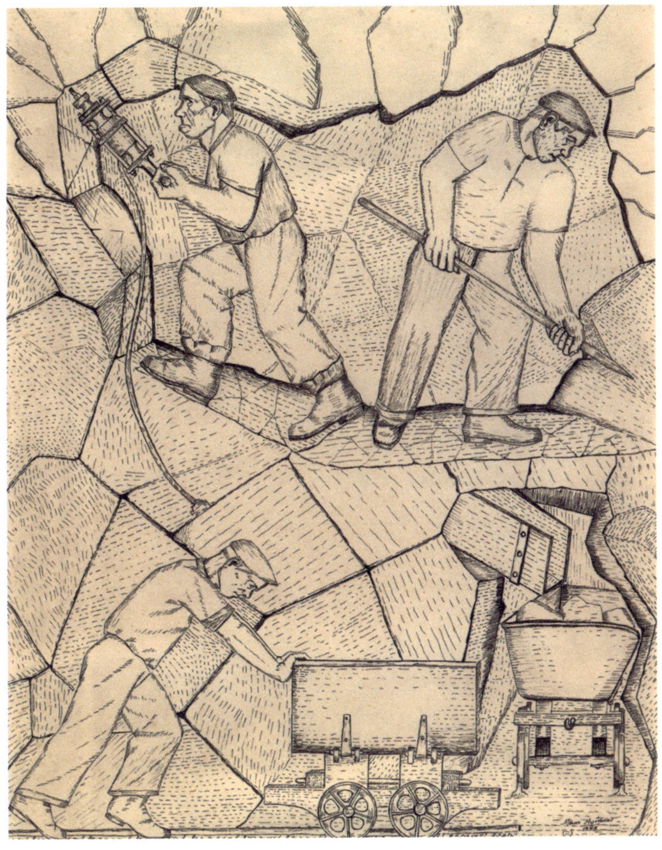

Picando en la mina, 1979
Lápiz sobre cartulina
490 x 390 mm

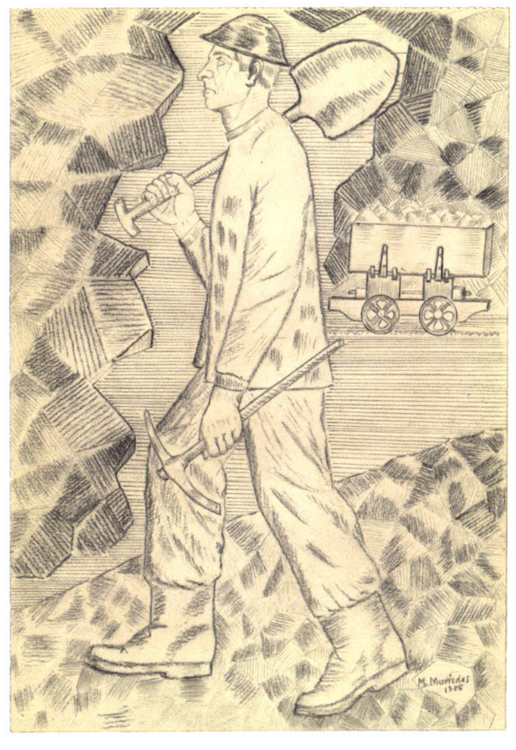

Minero, 1985
Lápiz sobre papel
455 x 326 mm

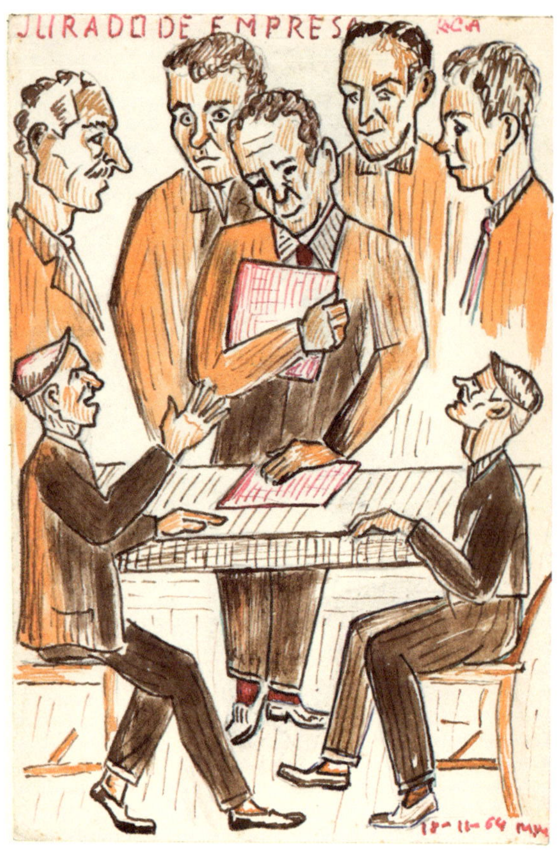

Jurado de empresa R.C.A, 18-11-1964
Rotulador sobre cartulina
170 x 115 mm

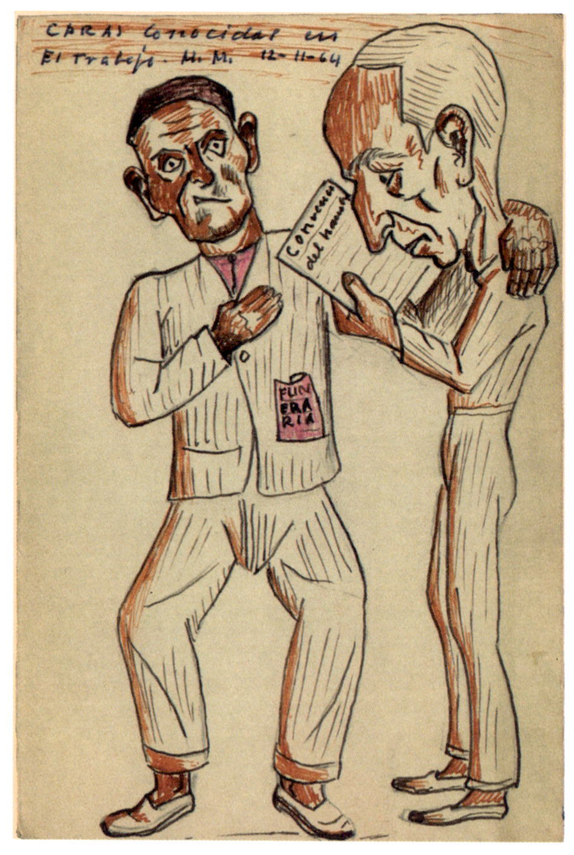

Caras conocidas en el trabajo, 12-11-1964
Rotulador sobre cartulina
170 x 115 mm

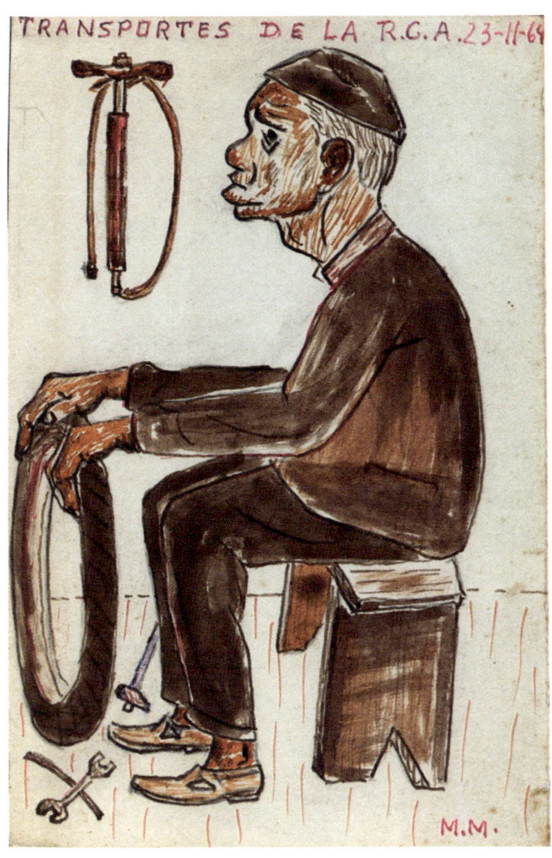

Transportes de la R.C.A, 23-11-1964
Rotulador sobre cartulina
170 x 115 mm

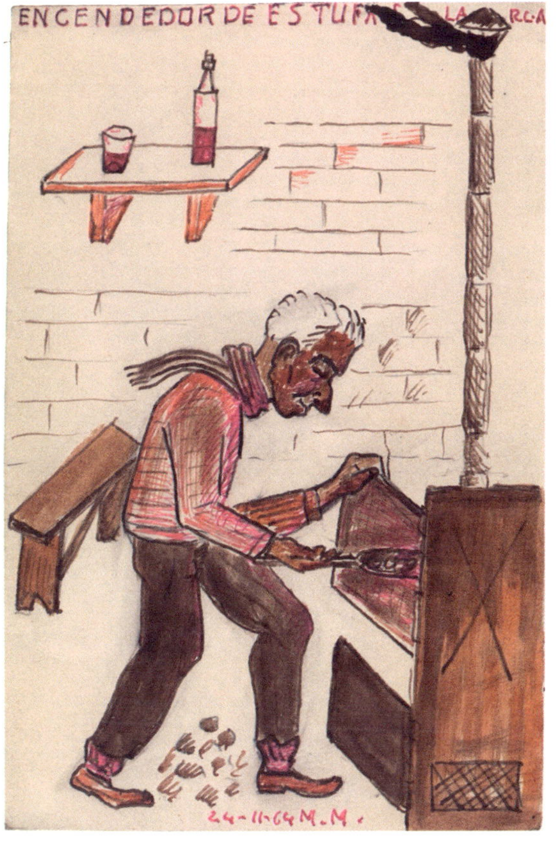

Encendedor de estufas de la R.C.A, 24-11-1964
Rotulador sobre cartulina
170 x 115 mm

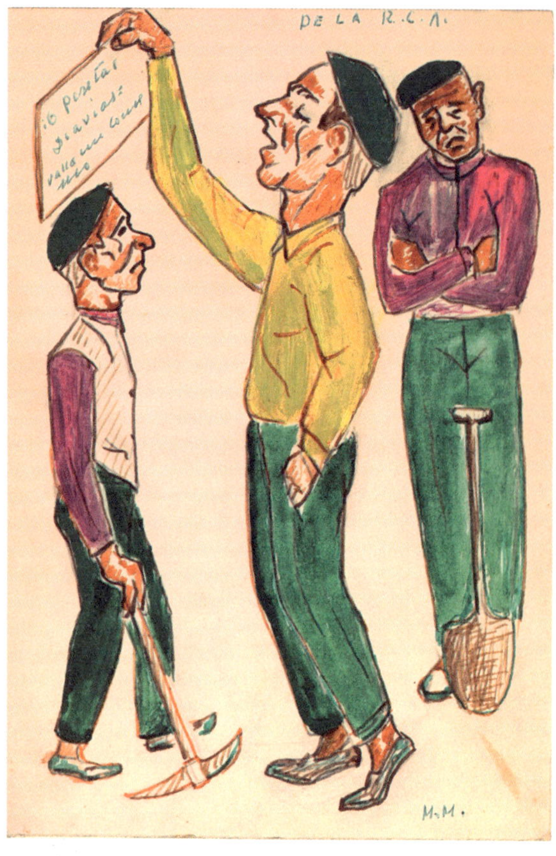

Mineros de la R.C.A ante los salarios
Rotulador sobre cartulina
170 x 115 mm

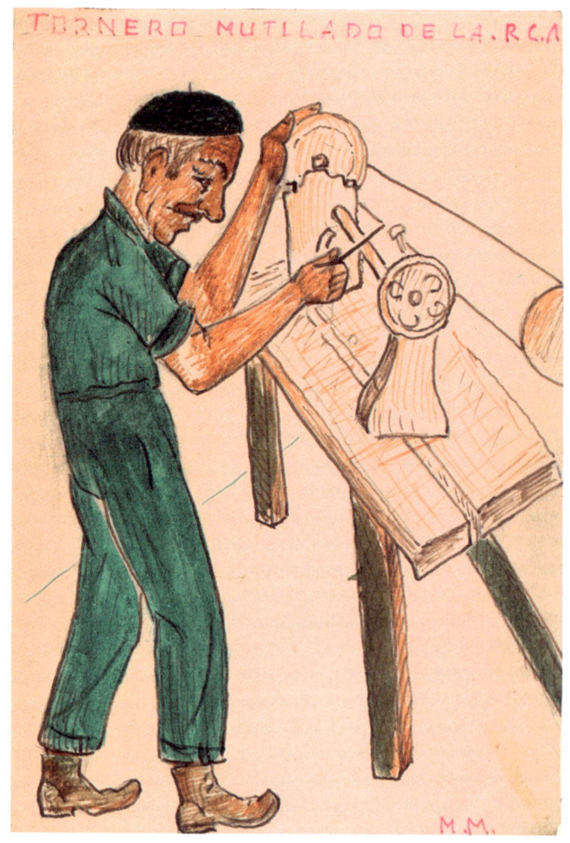

Tornero mutilado de la R.C.A
Rotulador sobre cartulina
170 x 115 mm

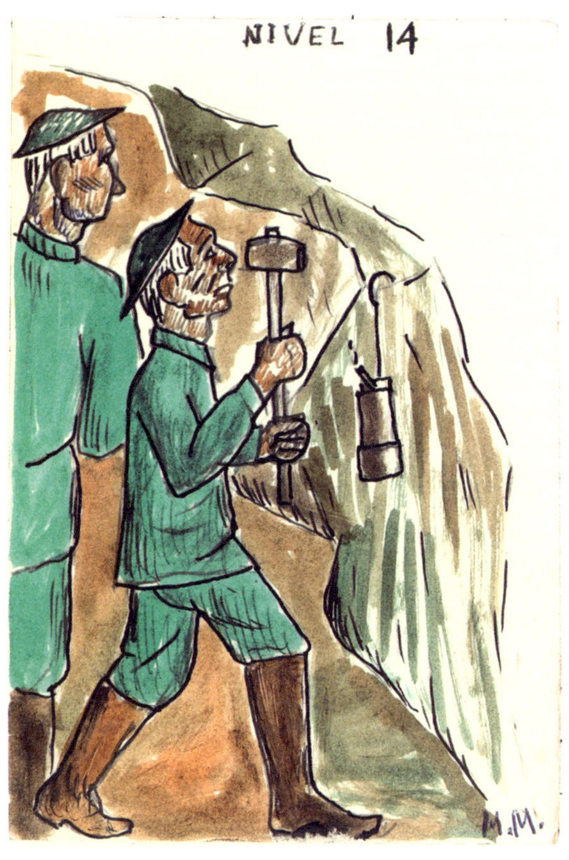

Nivel 14 de la mina
Rotulador sobre cartulina
165 x 105 mm

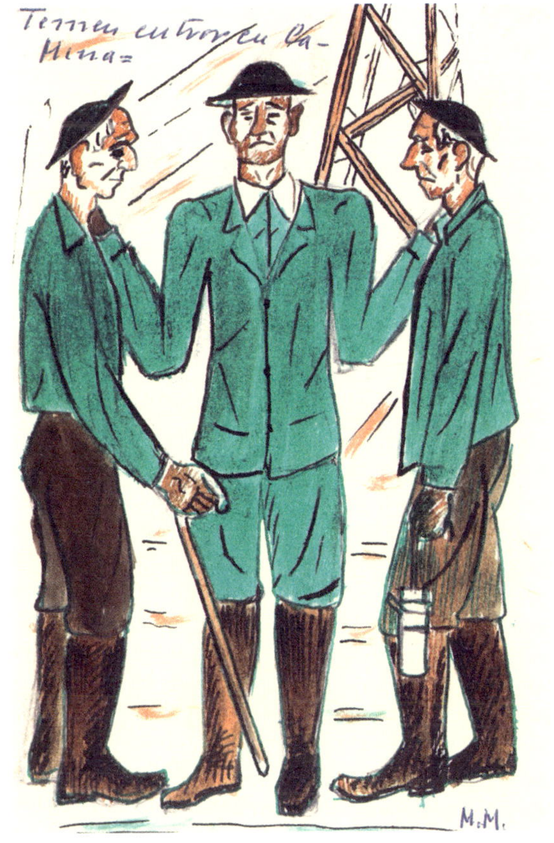

Temen entrar en la mina
Rotulador sobre cartulina
170 x 115 mm

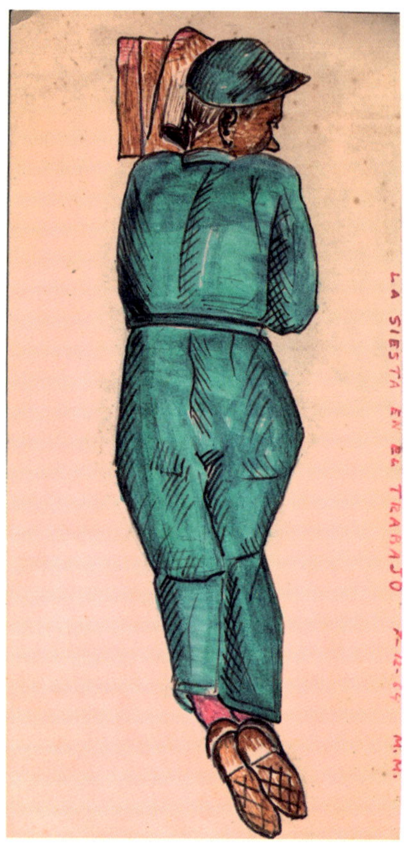

La siesta en el trabajo, 1964
Rotulador sobre cartulina
170 x 115 mm

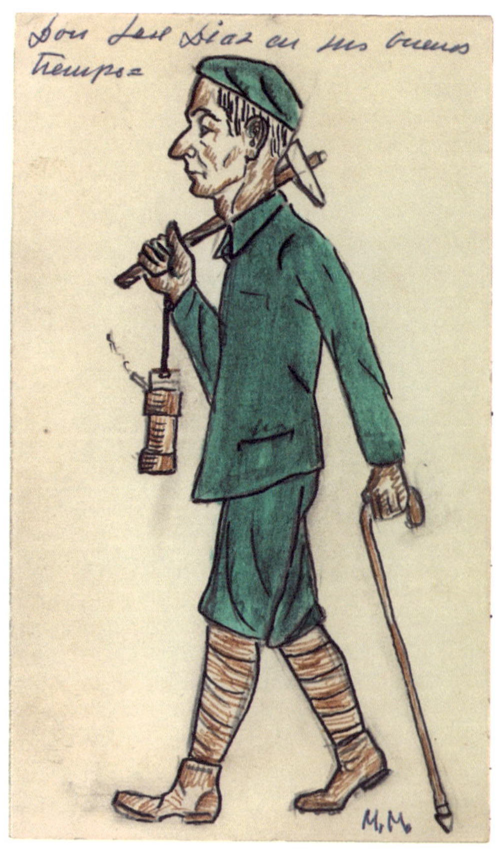

José Díaz en sus buenos tiempos
Rotulador sobre cartulina
170 x 115 mm

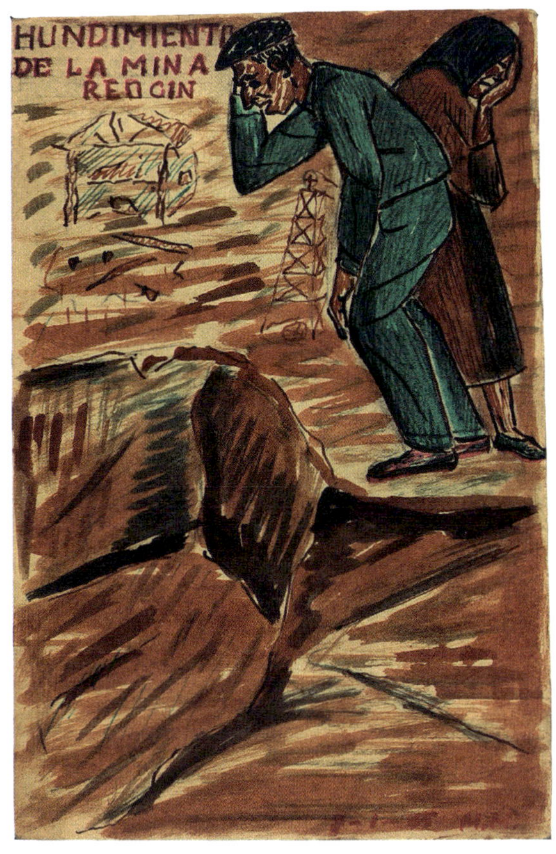

Hundimiento de la mina Reocín, 1965
Rotulador sobre cartulina
170 x 115 mm

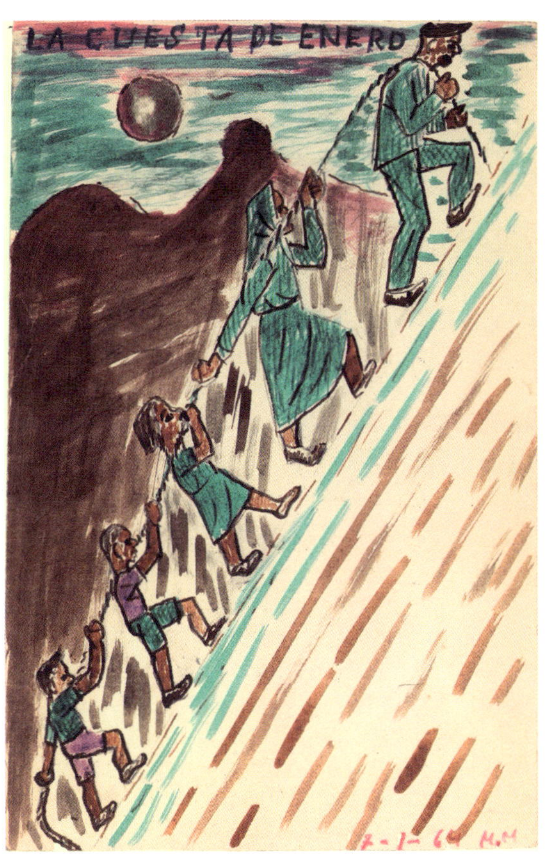

La cuesta de enero, 1964
Rotulador sobre cartulina
170 x 115 mm

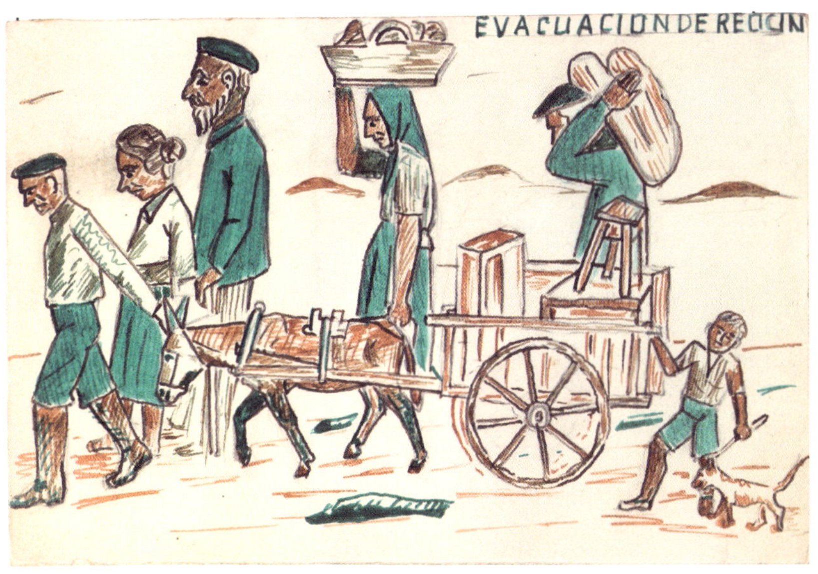

El exilio en Reocín
Rotulador sobre cartulina
115 x 170 mm

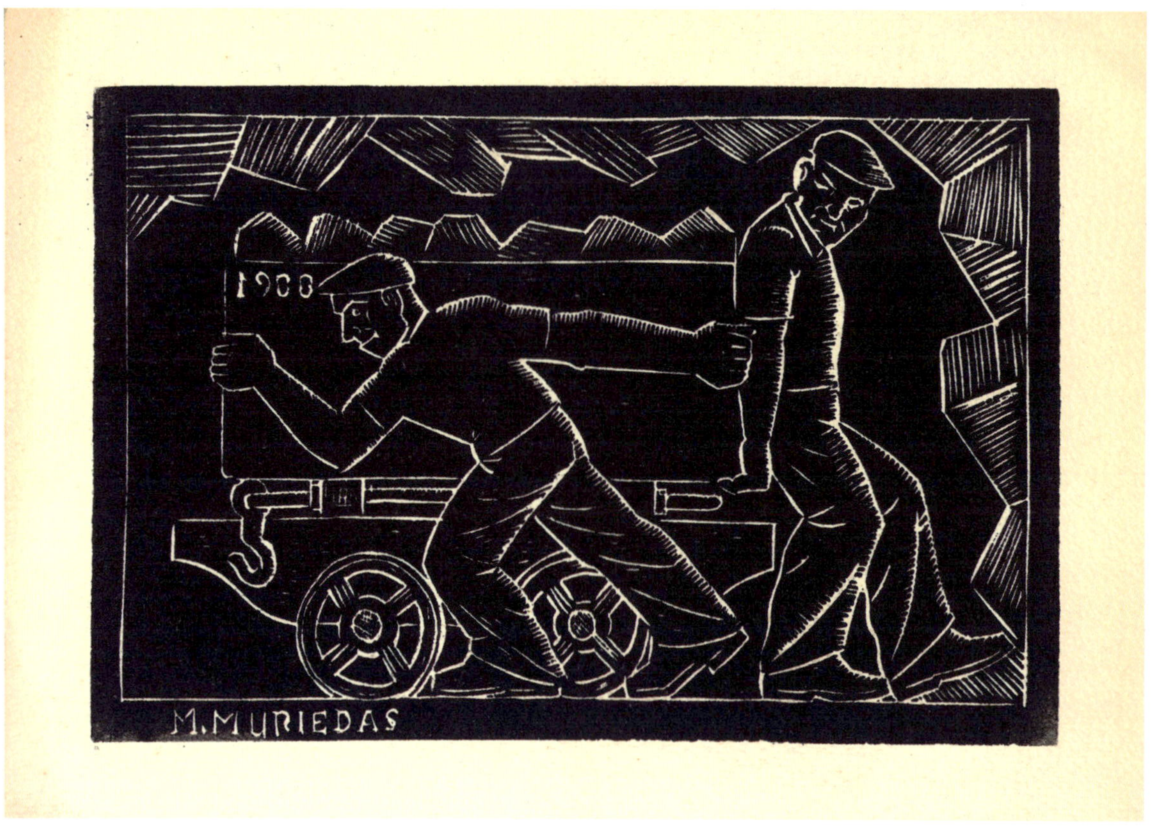

Empujando la vagoneta, 1988
Linóleo sobre papel
Pp. 225 x 325 mm; Pl. 180 x 275 mm

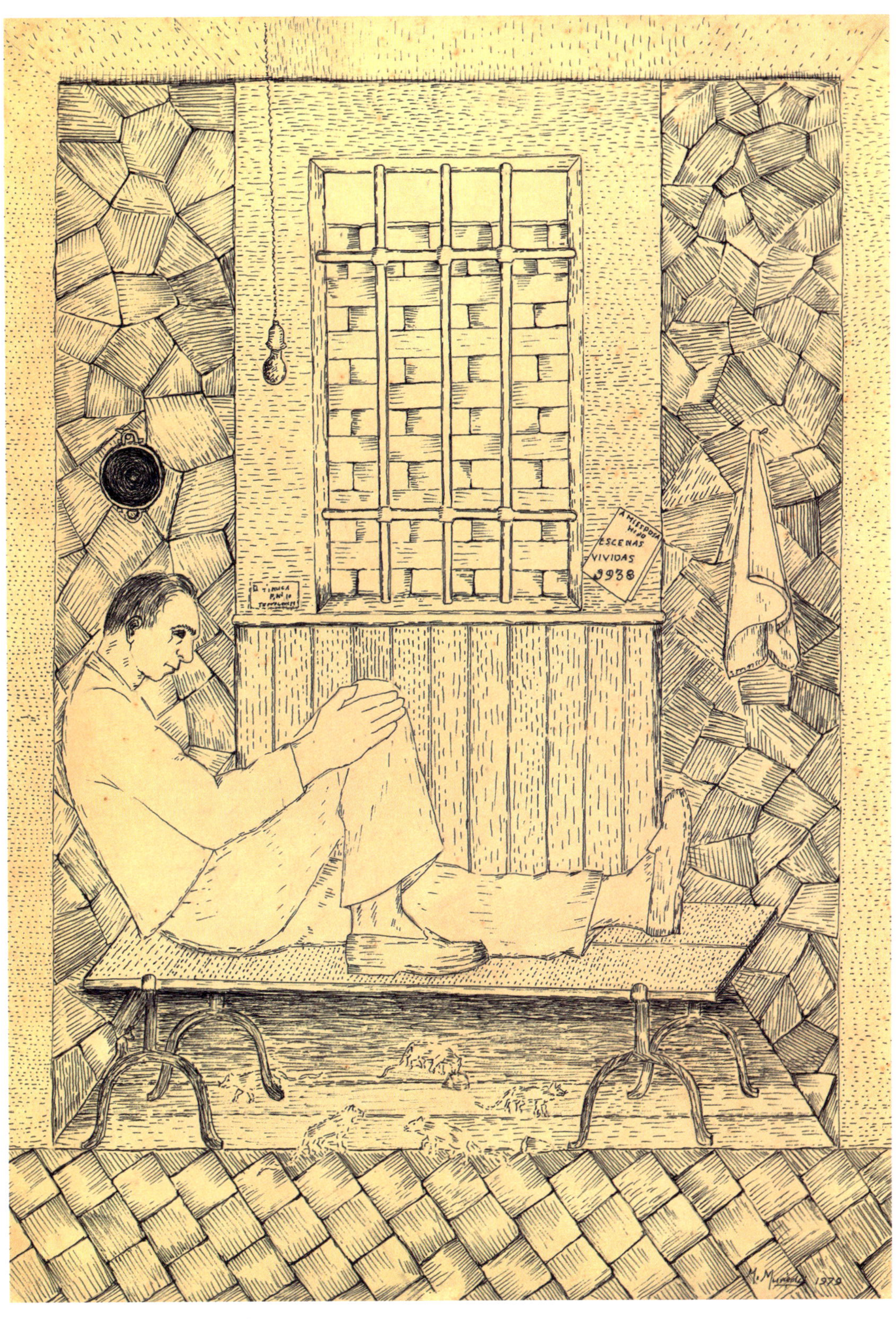

Calabozo, 1979
Tinta sobre papel
499 x 356 mm

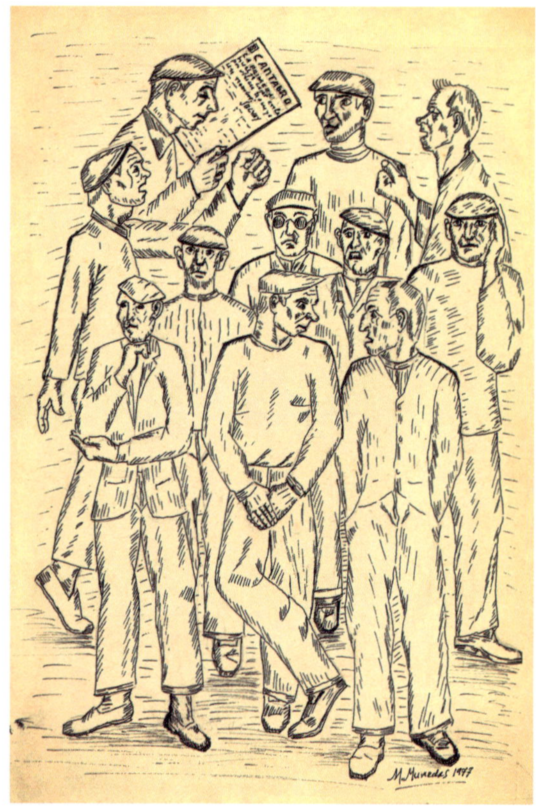

Primera huelga legal Solvay, 1977
Tinta sobre papel
312 x 215 mm

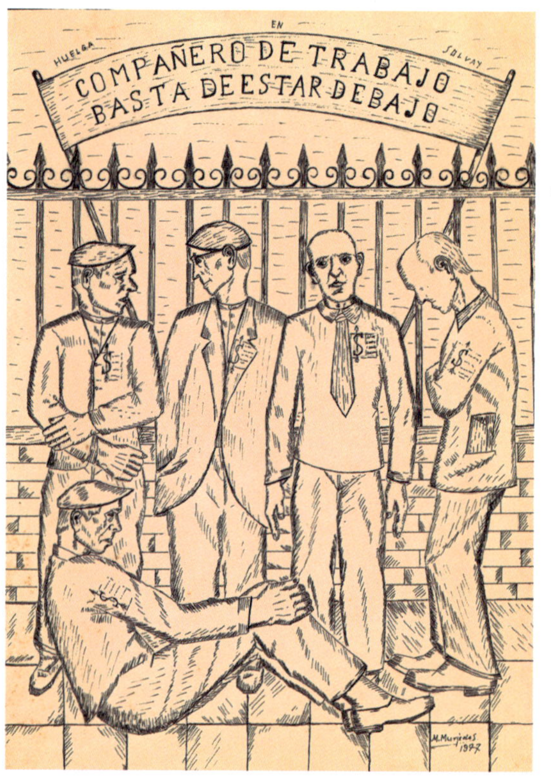

Huelga en Solvay, 1977
Tinta sobre cartulina
400 x 290 mm

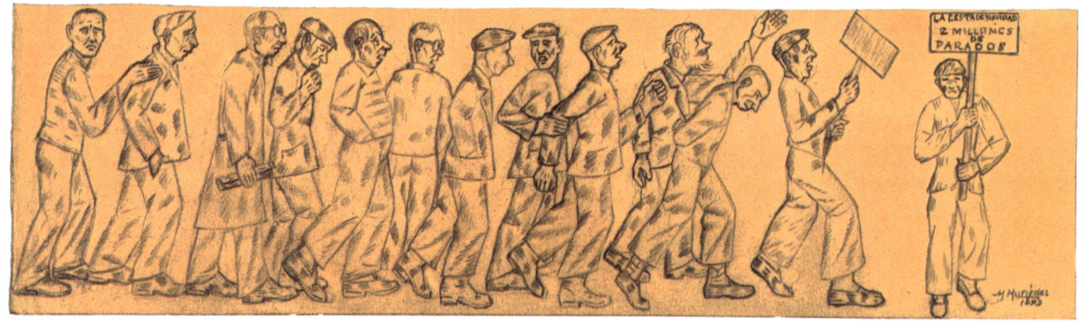

La cesta de Navidad, 1979
Lápiz sobre cartulina
150 x 539 mm

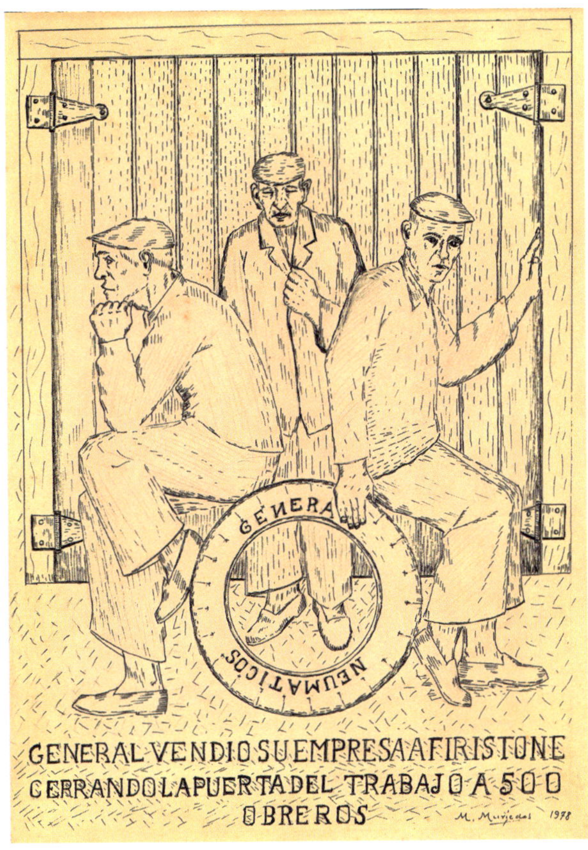

Al paro tras la compra de General Neumáticos por Firestone, 1978
Tinta sobre cartulina
400 x 290 mm

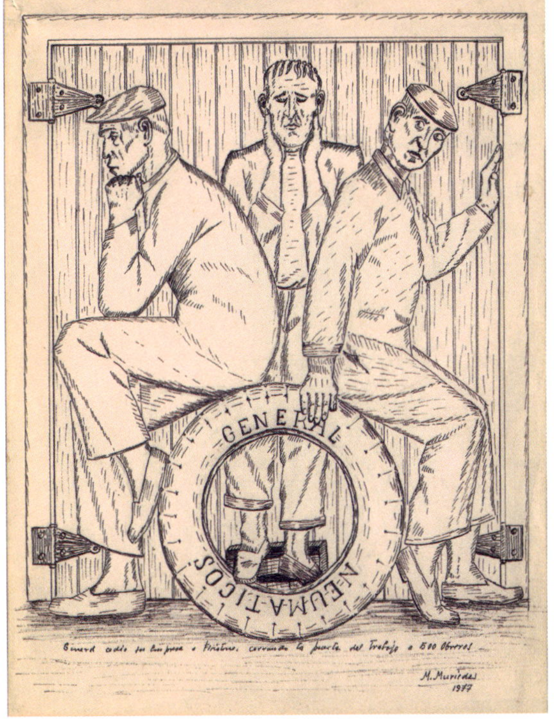

Cerrada la puerta del trabajo, 1977
Tinta y lápiz sobre papel
315 x 245 mm

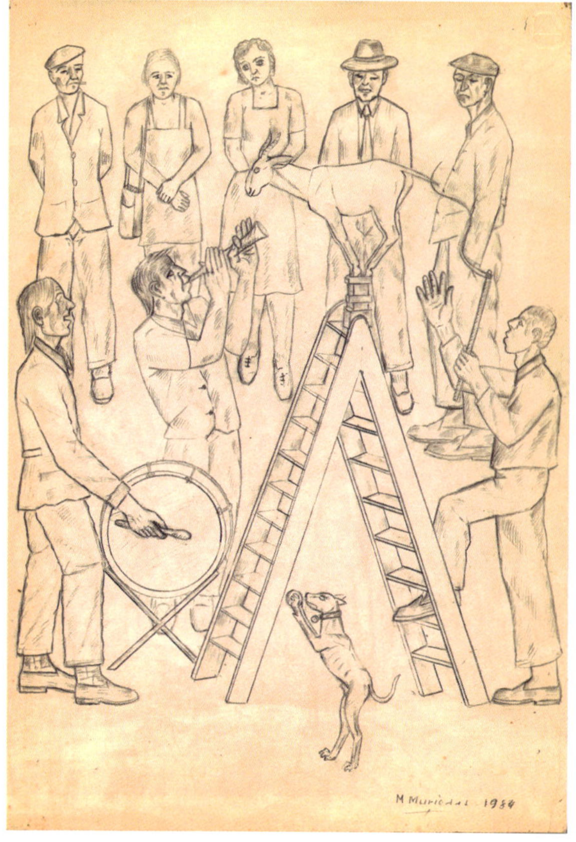

Espectadores ante la cabra equilibrista, 1984
Lápiz sobre papel
420 x 295 mm

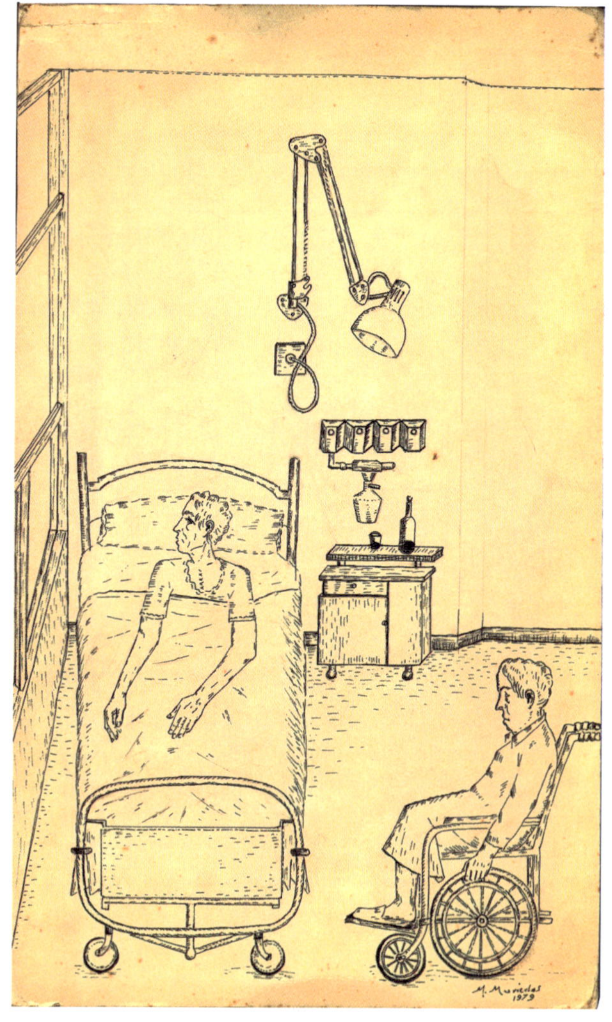

Enfermos en el hospital, 1979
Tinta sobre papel
495 x 300 mm

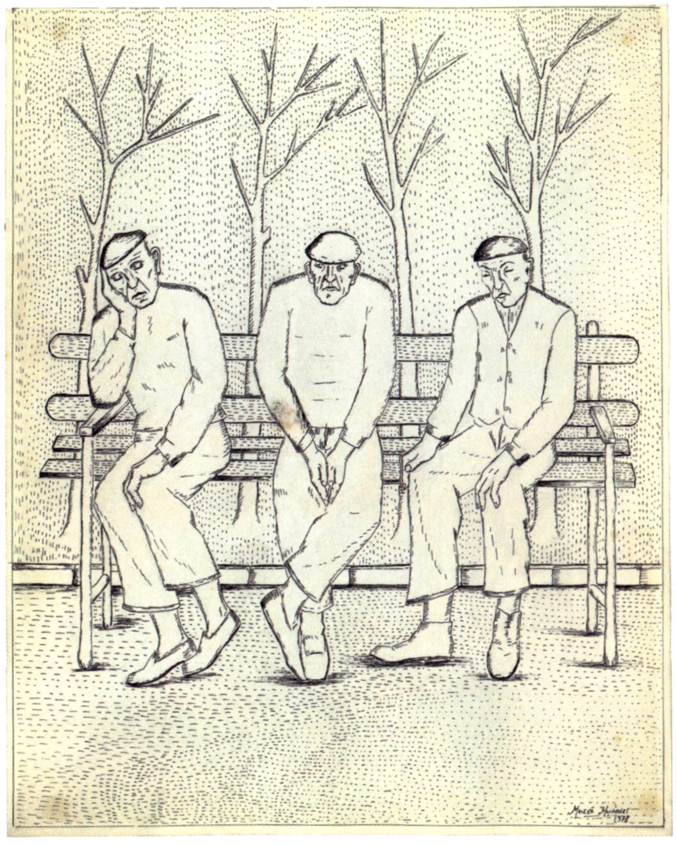

MURIEDAS, Mauro (1908-1991)
Jubilados, 1978
Tinta sobre papel
472 x 384 mm

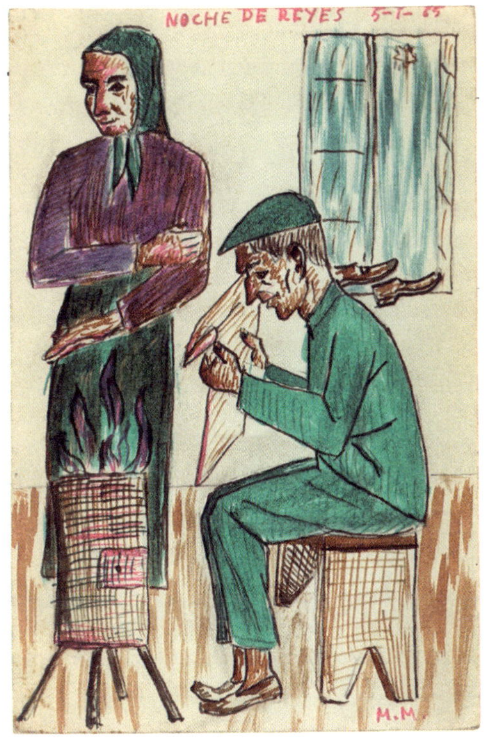

Noche de Reyes, 1965
Rotulador sobre cartulina
170 x 115 mm

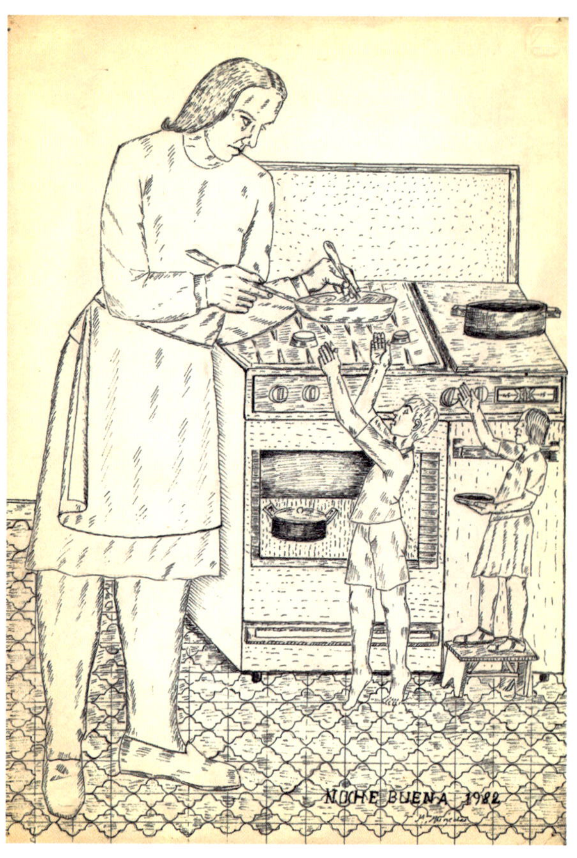

Preparando la cena de Nochebuena, 1982
Tinta sobre papel
420 x 295 mm

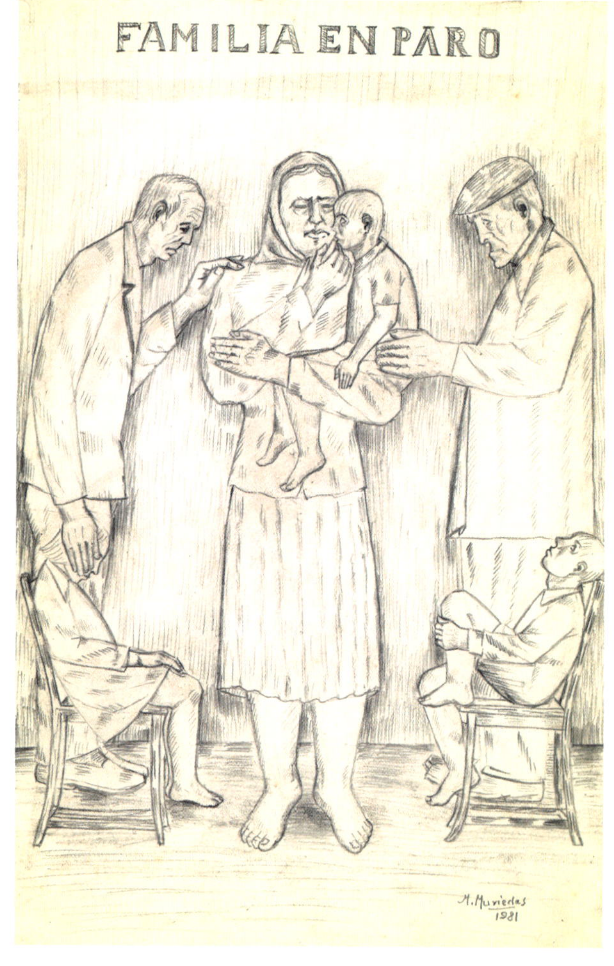

Familia en paro, 1981
Lápiz sobre cartulina
415 x 270 mm

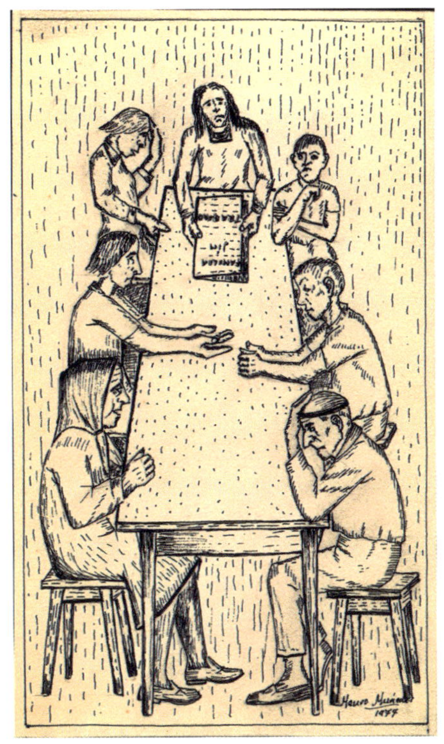

Noche de Reyes, 1965
Tinta sobre papel
170 x 115 mm

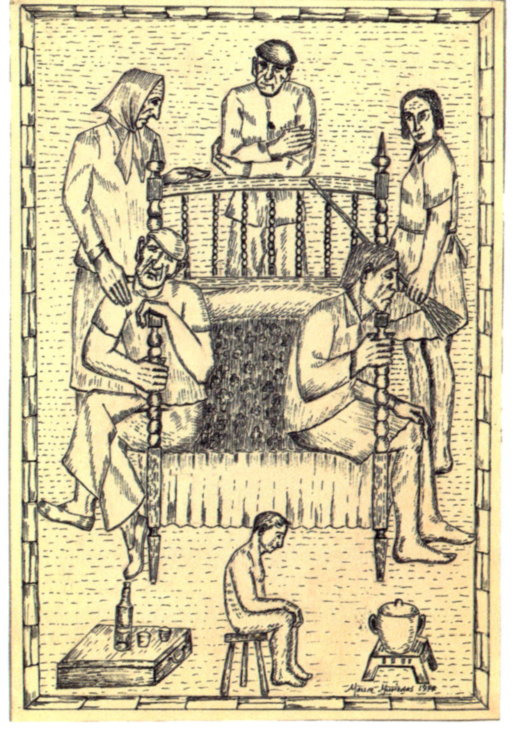

Seis de familia en una habitación, 1977
Tinta sobre papel
321 x 227 mm

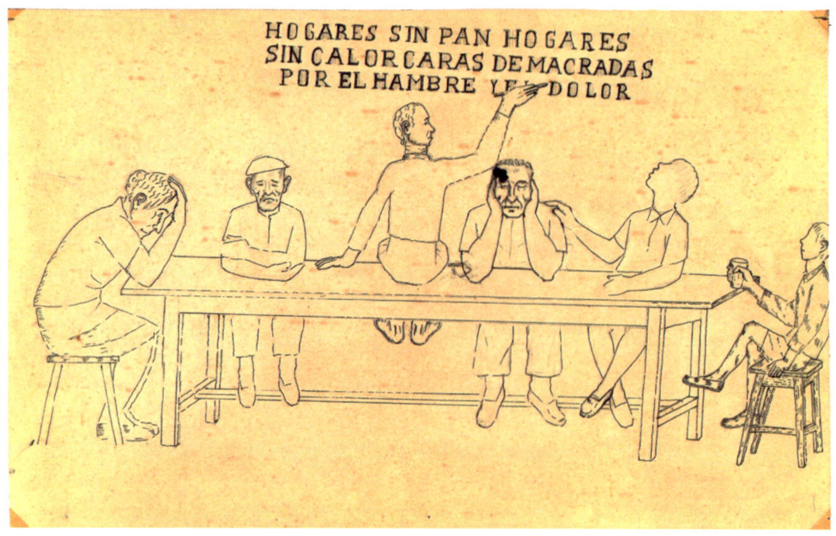

Hogares sin pan y butanero, 1980
Lápiz sobre cartulina
264 x 426 mm

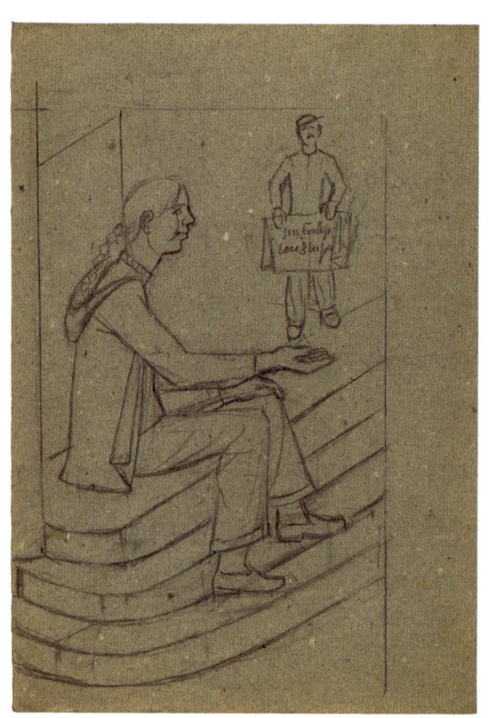

Gente pidiendo
Lápiz sobre papel
322 x 228 mm

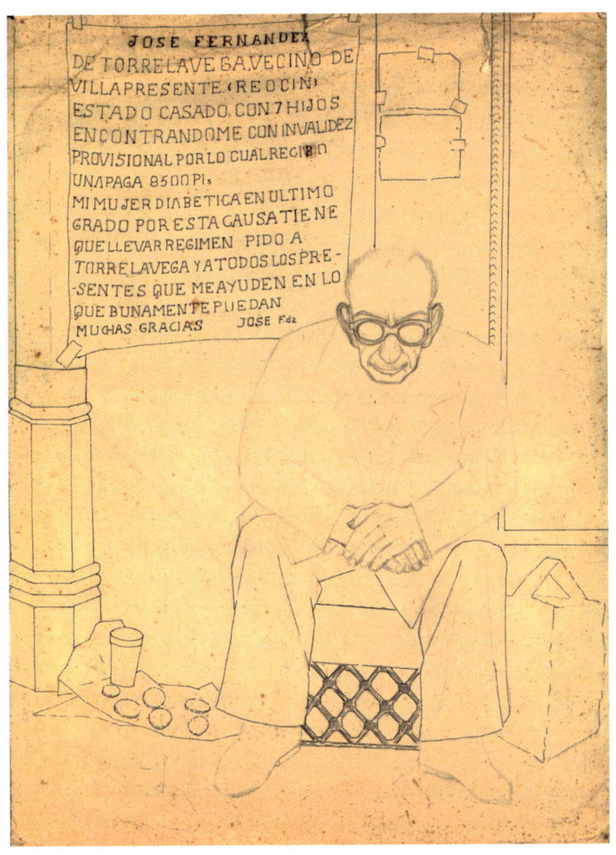

Pidiendo dinero
Lápiz sobre papel
676 x 497 mm

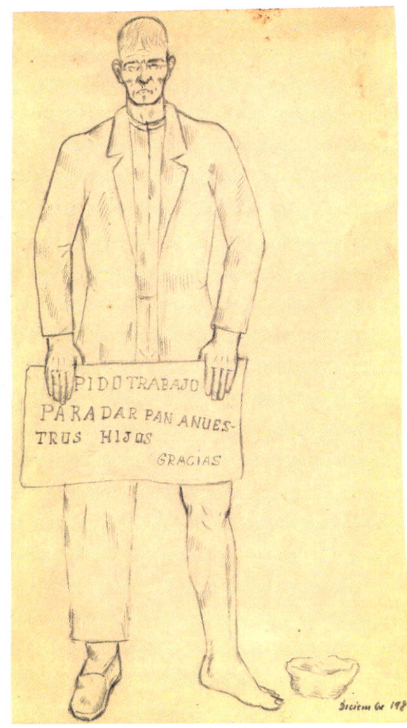

Pidiendo pan, 1980
Lápiz sobre papel
324 x 185 mm

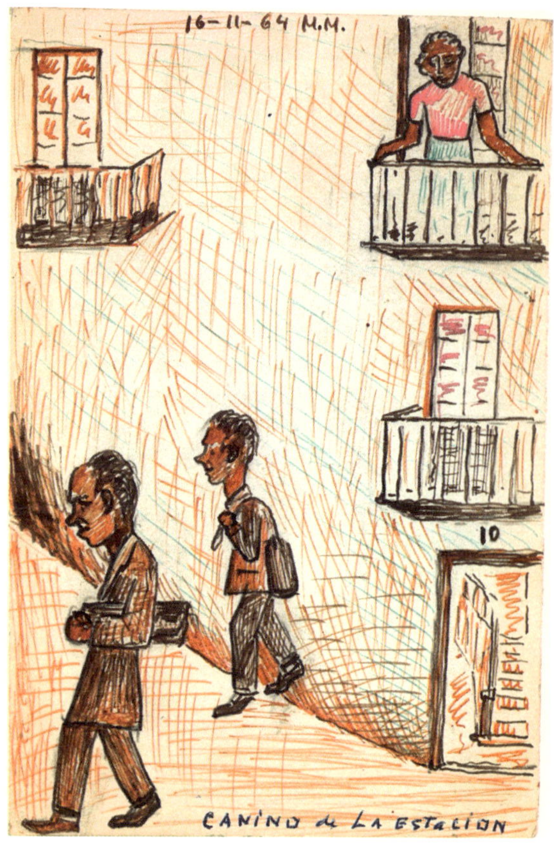

Camino a la estación, 16-11-1964
Rotulador sobre cartulina
170 x 115 mm

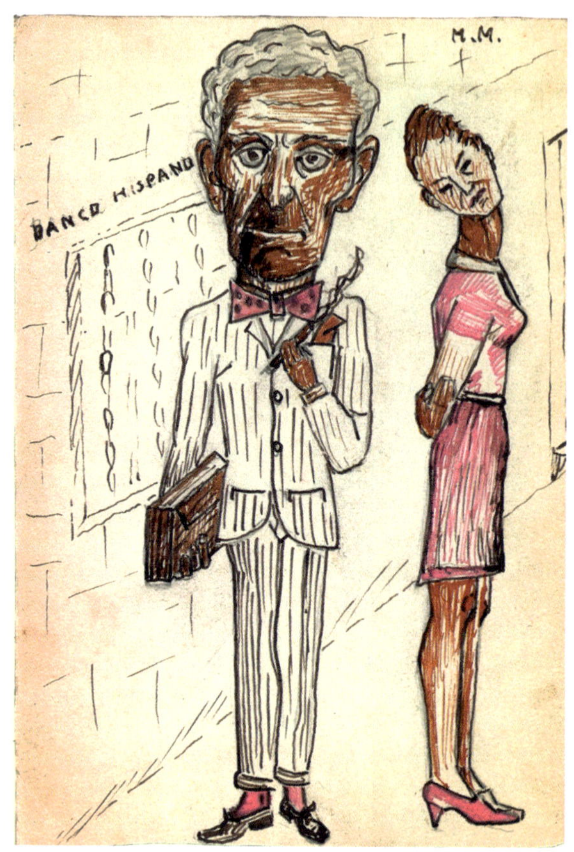

Gentes del Banco Hispano
Rotulador sobre cartulina
170 x 115 mm

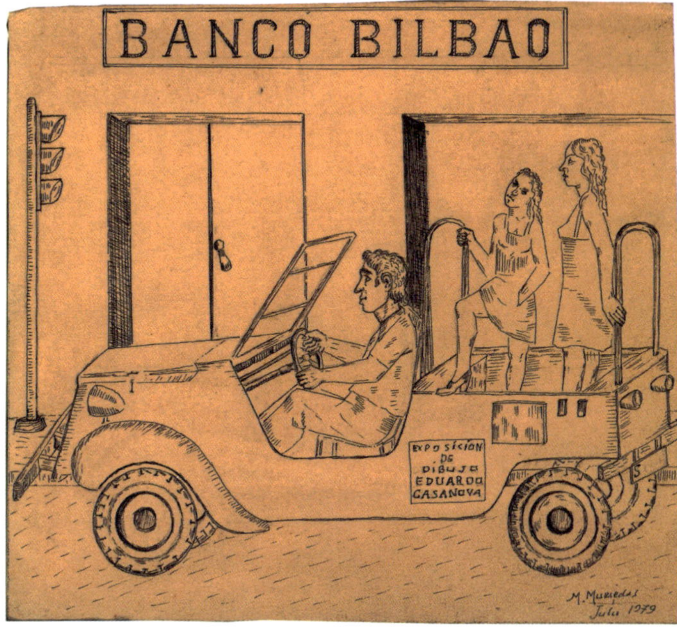

Promocionando una exposición frente al Banco Bilbao, 1979
Tinta sobre papel
245 x 275 mm

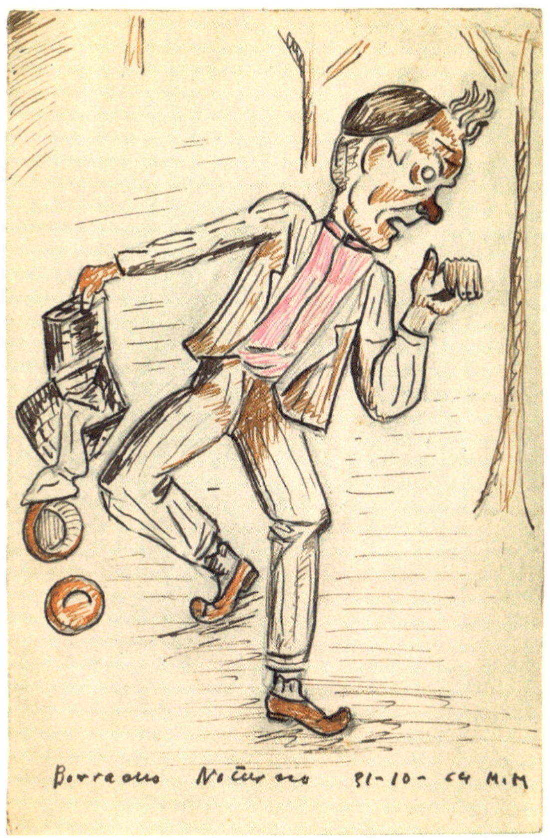

Borracho nocturno, 31-10-1964
Rotulador sobre cartulina
170 x 115 mm

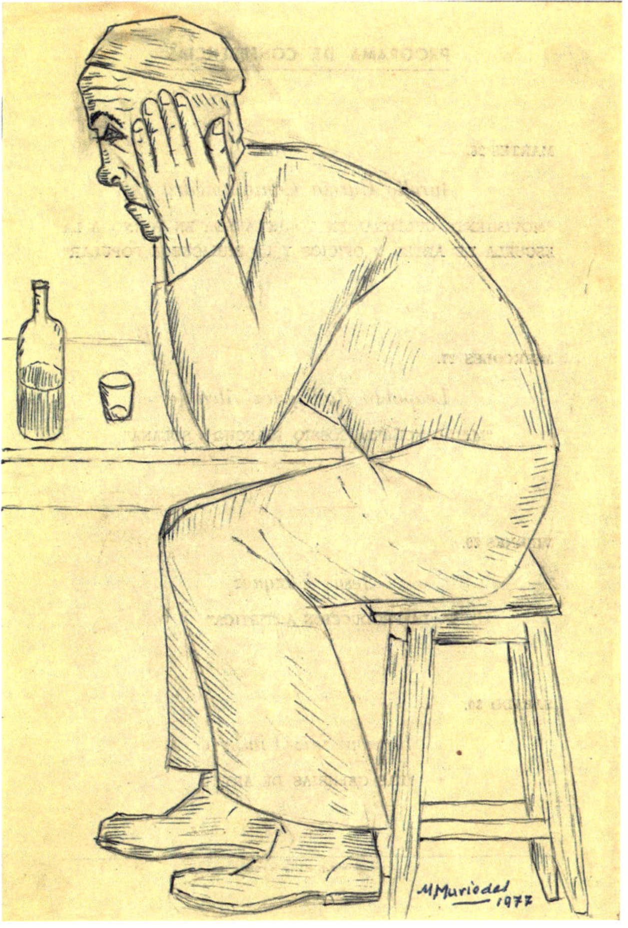

Señor sentado con botella, 1977
Tinta sobre papel
283 x 212 mm; 223 x 160 mm

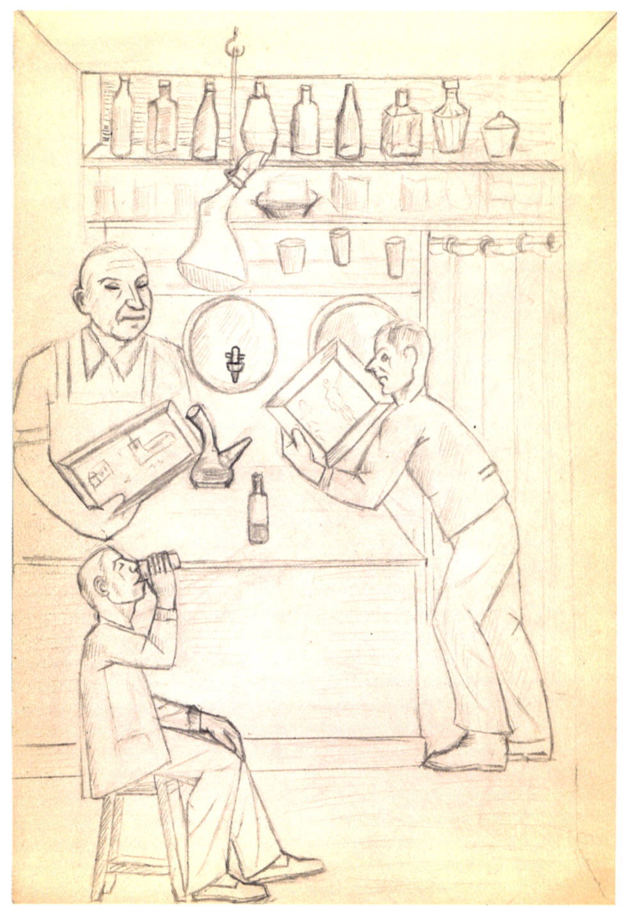

Escena de bar
Lápiz sobre papel
320 x 220 mm

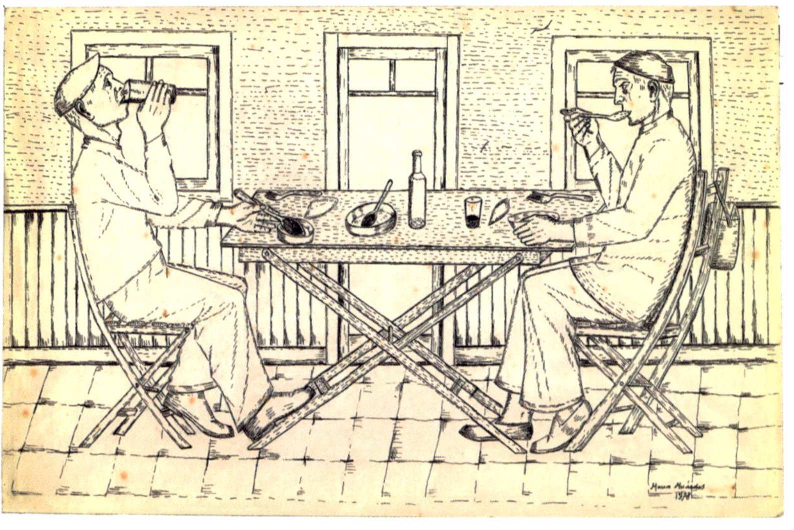

Hombres bebiendo y comiendo, 1978
Tinta sobre papel
295 x 460 mm

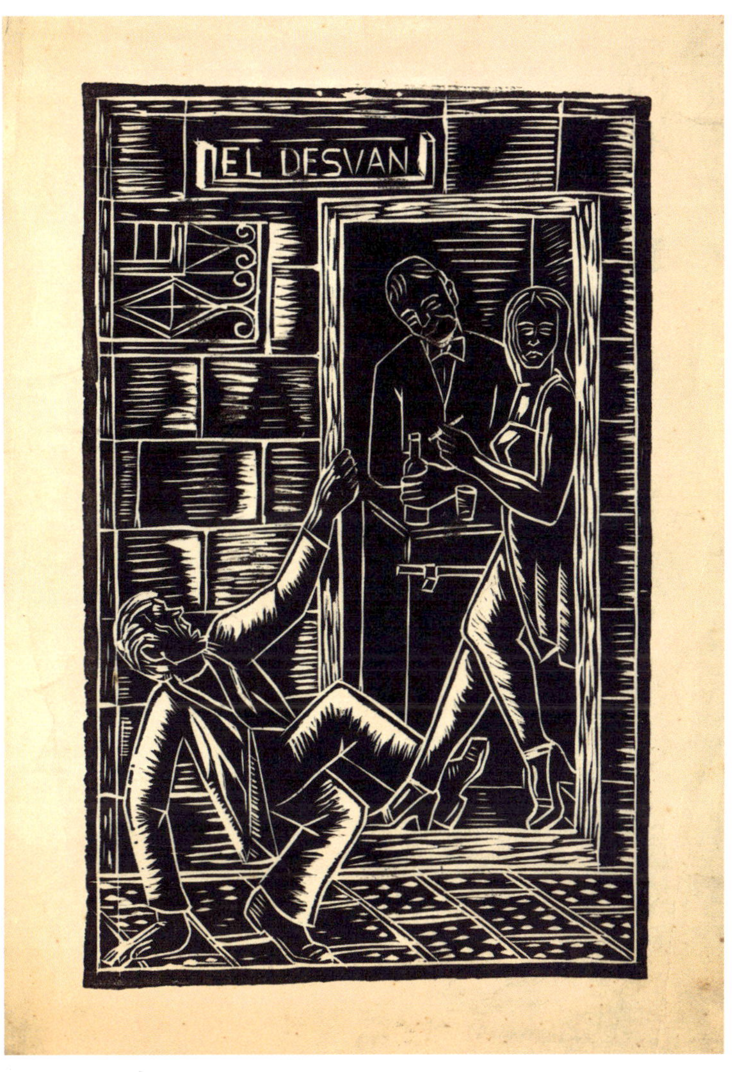

Tomando algo en "El Desván"
Linóleo sobre papel
Pp. 360 x 250; Pl. 305 x 195 mm

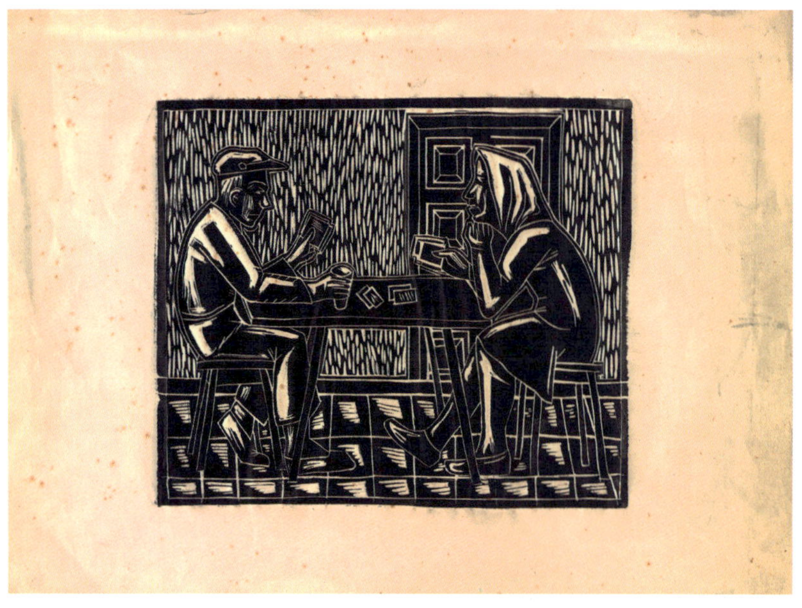

Partida de cartas, 1982
Linóleo sobre papel
Pp. 325 mm; Pl 270 x 225 mm

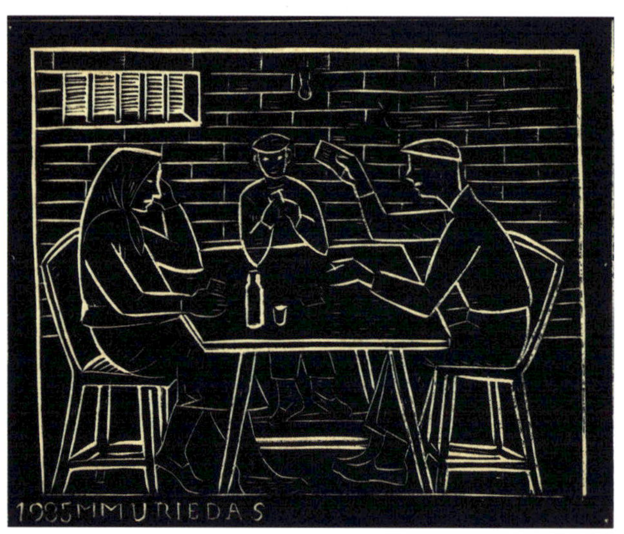

Bebiendo y jugando en el bar (I), 1985
Linóleo sobre papel
Pp. 325 x 450 mm; 220 x 270 mm

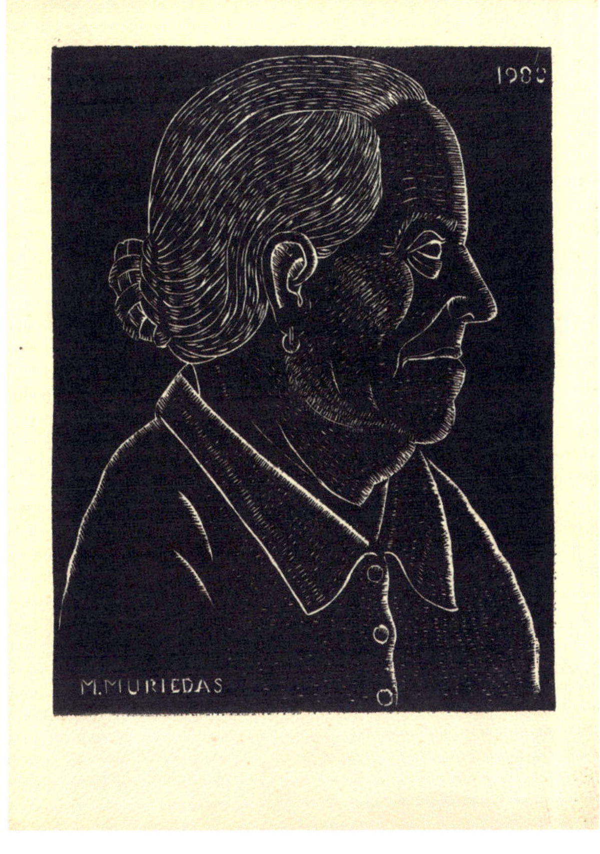

Cabeza de mujer, 1980
Linóleo sobre papel
Pp. 450 x 325 mm; Pl. 355 x 270 mm

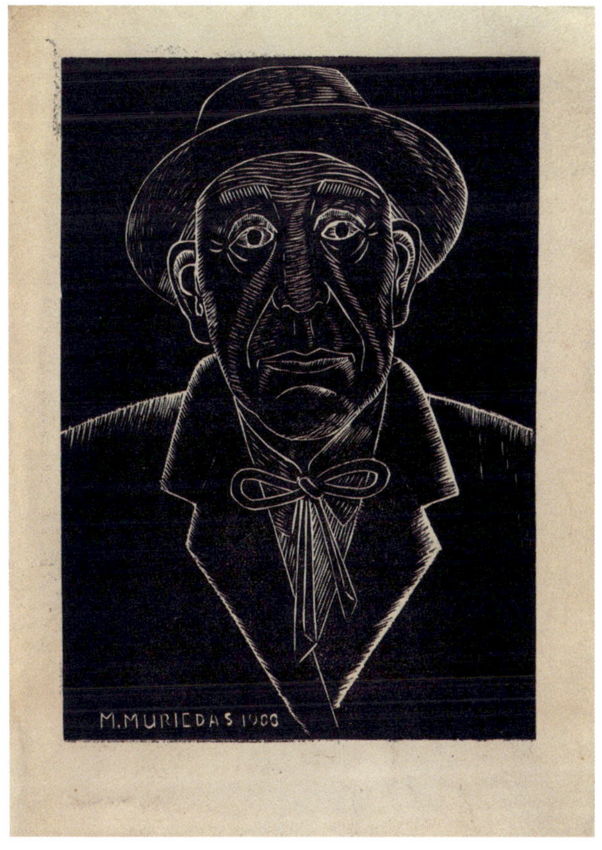

Retratos en la celda de Escobedo, 1988
Linóleo sobre papel
Pp. 440 x 325 mm; Pl. 350 x 250 mm

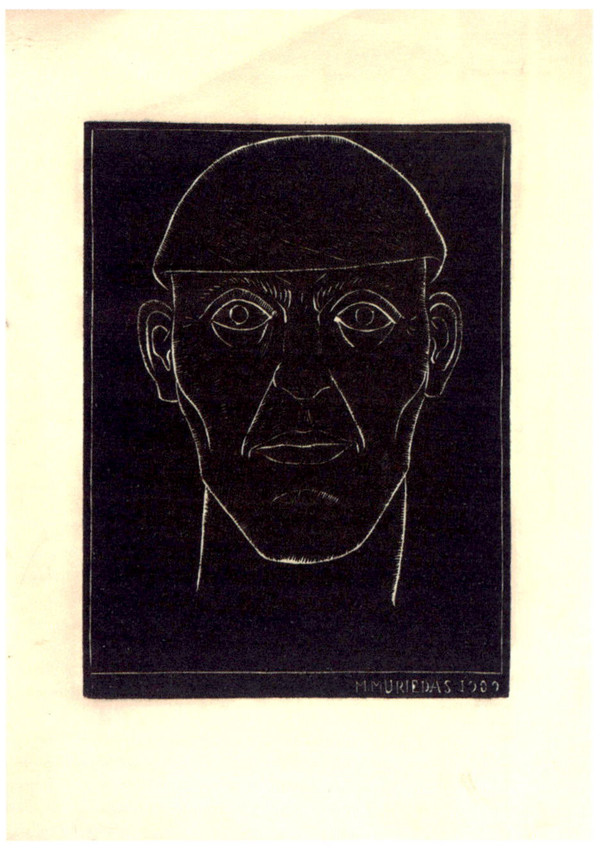

Que mala cara tienes, 1989
Linóleo sobre papel
Pp. 560 x 380 mm; Pl. 355 x 270 mm

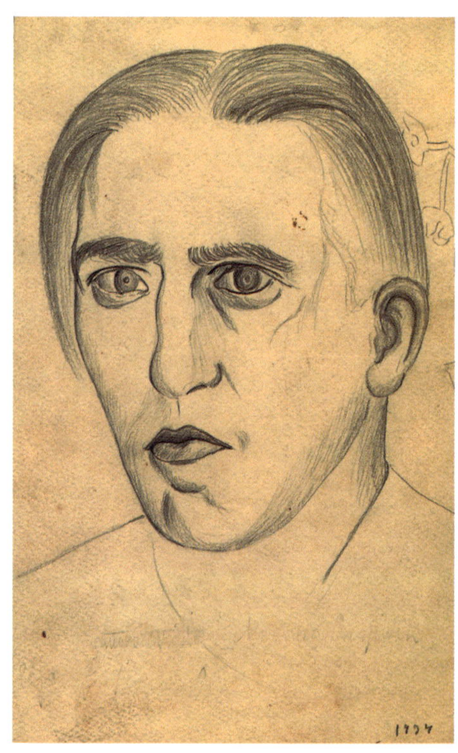

¿Autorretrato?, 1934
Lápiz sobre papel
250 x 165 mm

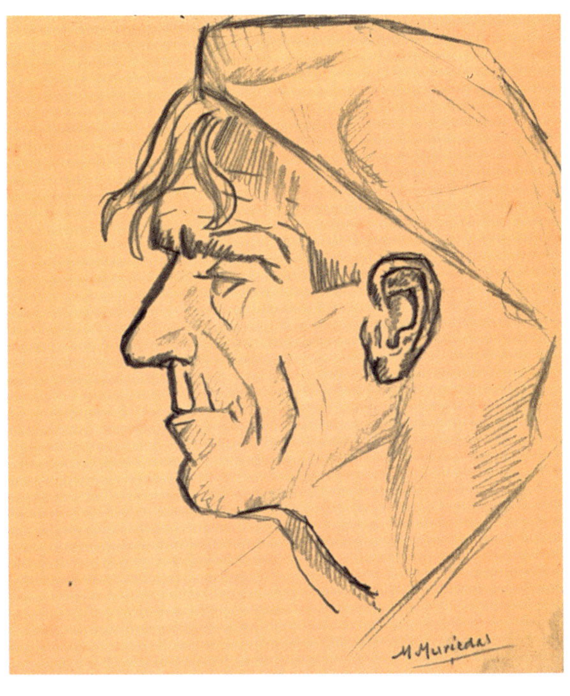

Boceto de anciano con gorra de perfil
Lápiz sobre papel
211 x 183 mm

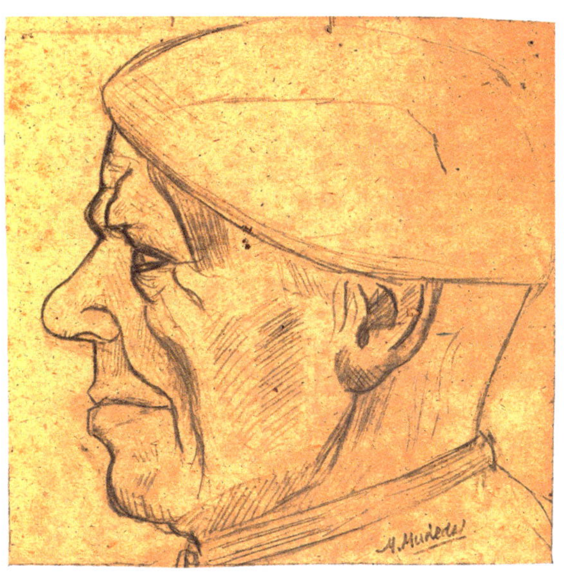

Hombre de perfil izquierdo
Lápiz sobre papel
163 x 156 mm

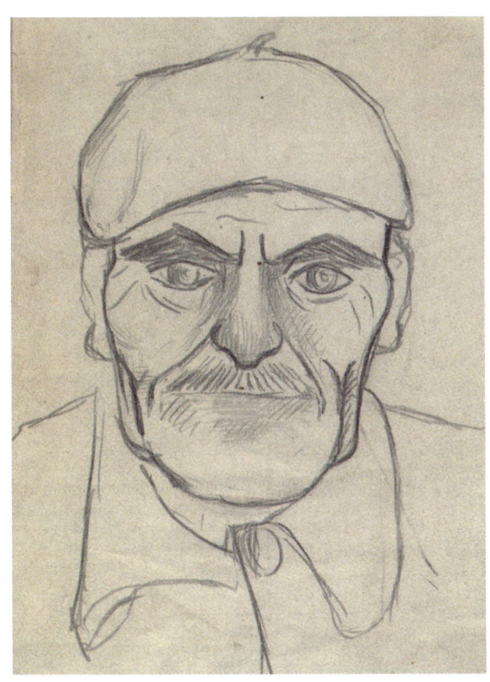

Hombre con boina
Lápiz sobre papel
200 x 145 mm

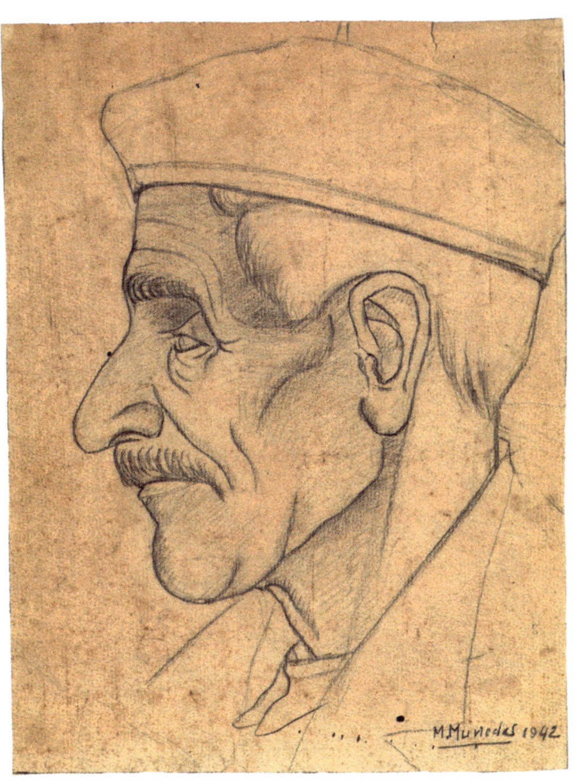

Hombre de perfil con boina, 1942
Lápiz sobre papel
320 x 269 mm; 255 x 197 mm

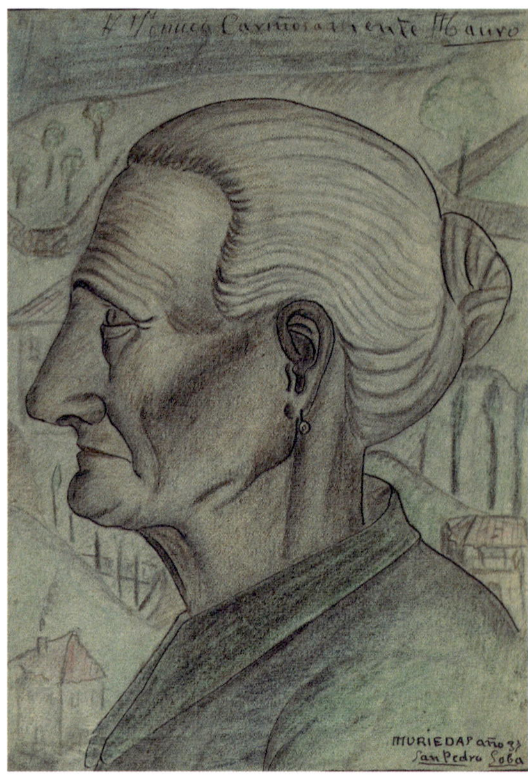

Pasiega sentada (San Pedro de Soba), 1937
Lápices de colores sobre papel
235 x 170 mm

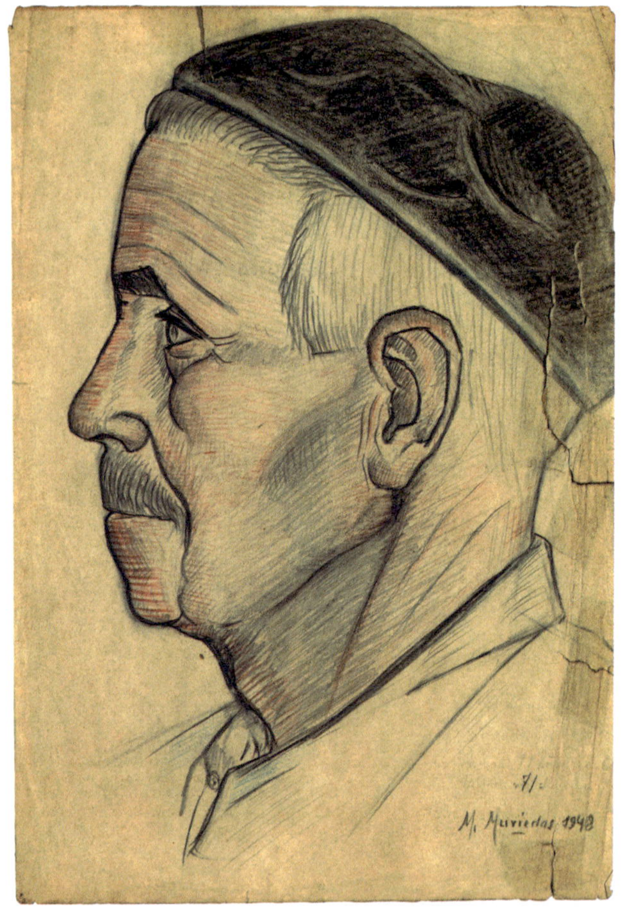

Tolín de perfil con boina, 1948
Lápices de colores sobre papel
331 x 227 mm

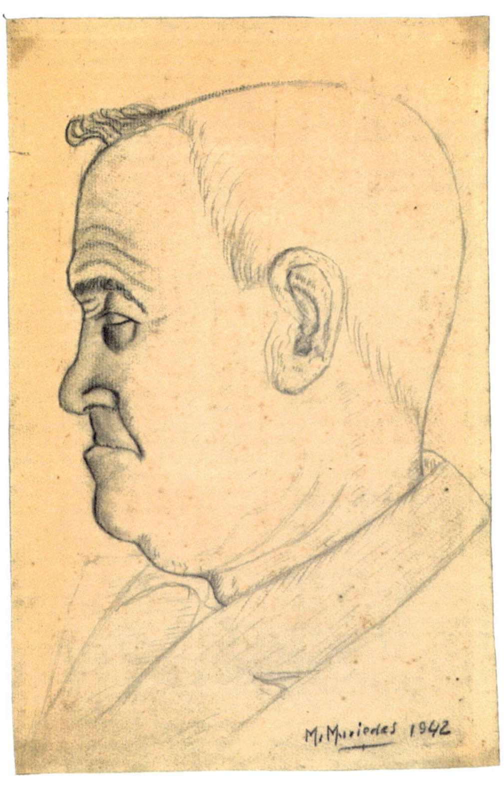

Retrato de señor, 1942
Lápiz sobre papel
295 x 198 mm

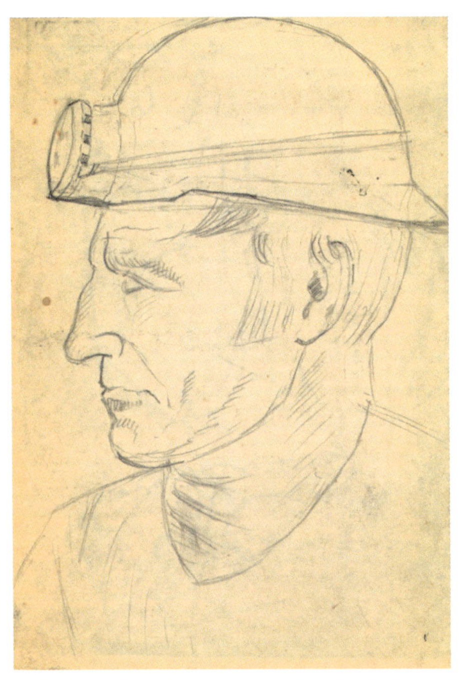

Minero de perfil
Lápiz sobre papel
257 x 181 mm

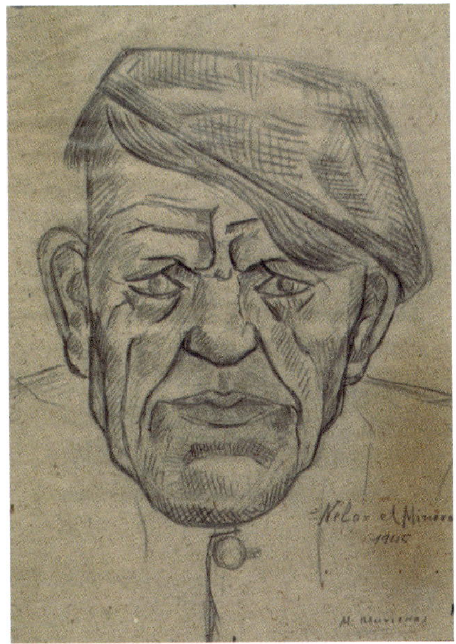

Nelo el minero (Reocín), 1945
Lápiz sobre papel
225 x 160 mm

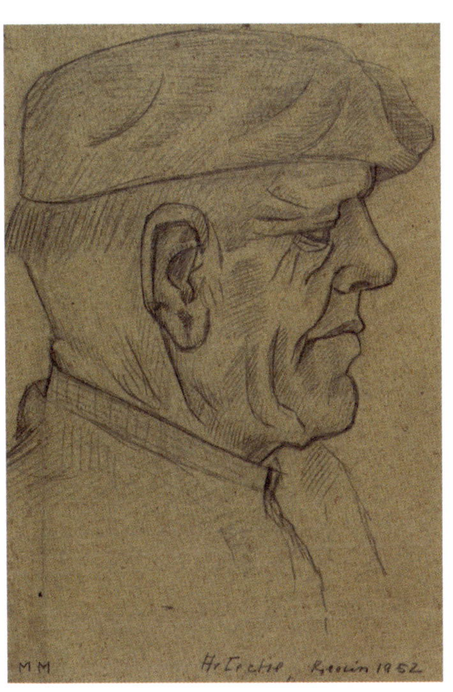

Perfil de minero viejo (Arteche) (Reocín), 1952
Lápiz sobre papel
260 x 180 mm

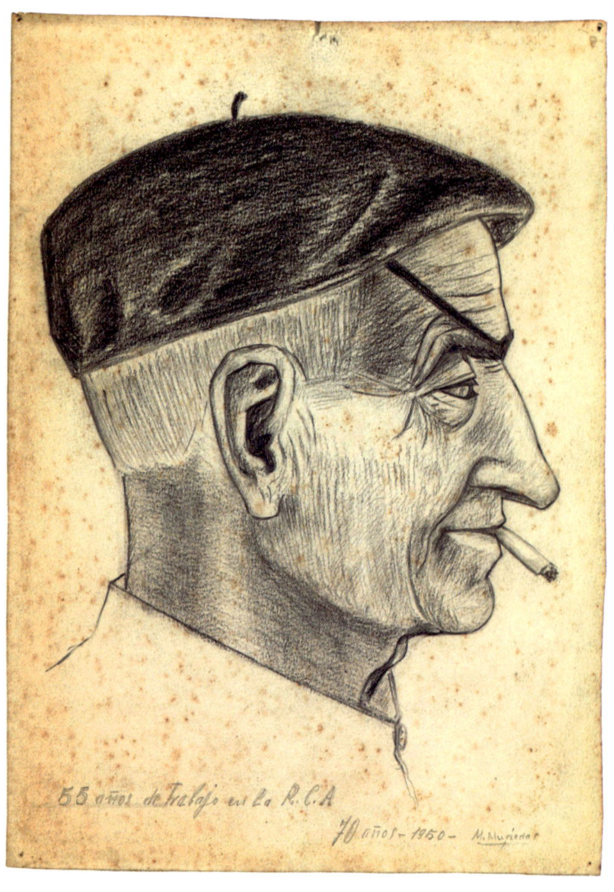

Hombre de perfil con cigarro, 1950
Lápiz sobre papel
332 x 242

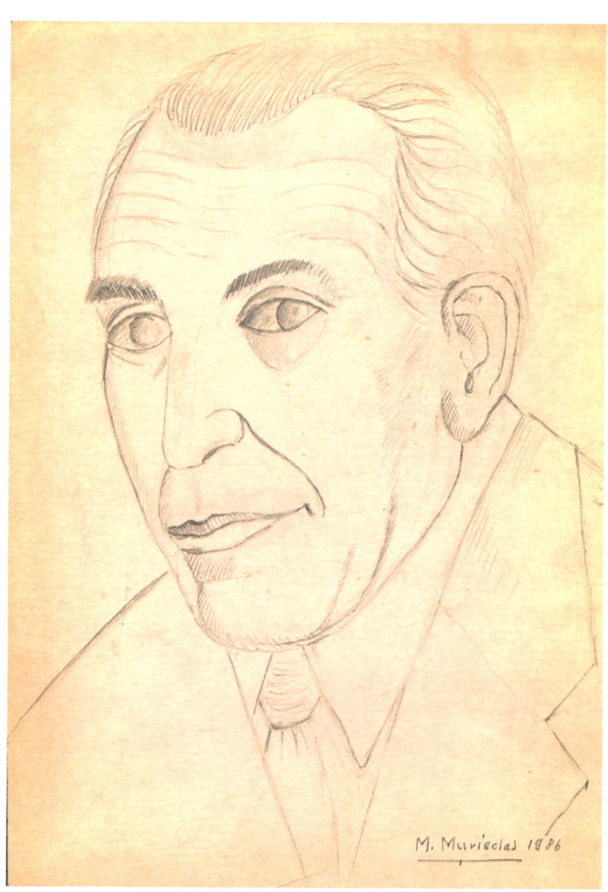

Retrato de un anciano
Rotulador sobre cartulina
230 x 115 mm

Retrato de Manuel Lledías, 1986
Lápiz sobre papel
325 x 230 mm

MAURO MURIEDAS, TESTIGO SOCIAL

Colección UC de Arte Gráfico

MATERIAL DIDÁCTICO

RICARDO GONZÁLEZ GARCÍA, VICTOR ALBA RODRÍGUEZ

—— MATERIAL DIDÁCTICO ——

RICARDO GONZÁLEZ GARCÍA, VICTOR ALBA RODRÍGUEZ

ACTIVIDAD 1:

La narrativa visual de Mauro Muriedas

Te invitamos a sumergirte en la narrativa visual de los dibujos de Mauro Muriedas. ¿Cómo puedes hacerlo? Empieza por inventarte un microrrelato inspirado en la escena representada en el dibujo que elijas. Puedes imaginarte una pequeña biografía de los personajes que aparecen, o pensar qué ha ocurrido antes y lo que va a pasar después.

Además, te animamos a realizar una viñeta adicional en la que dibujes, usando la misma técnica que el artista, una escena previa o posterior, dentro de este recuadro:

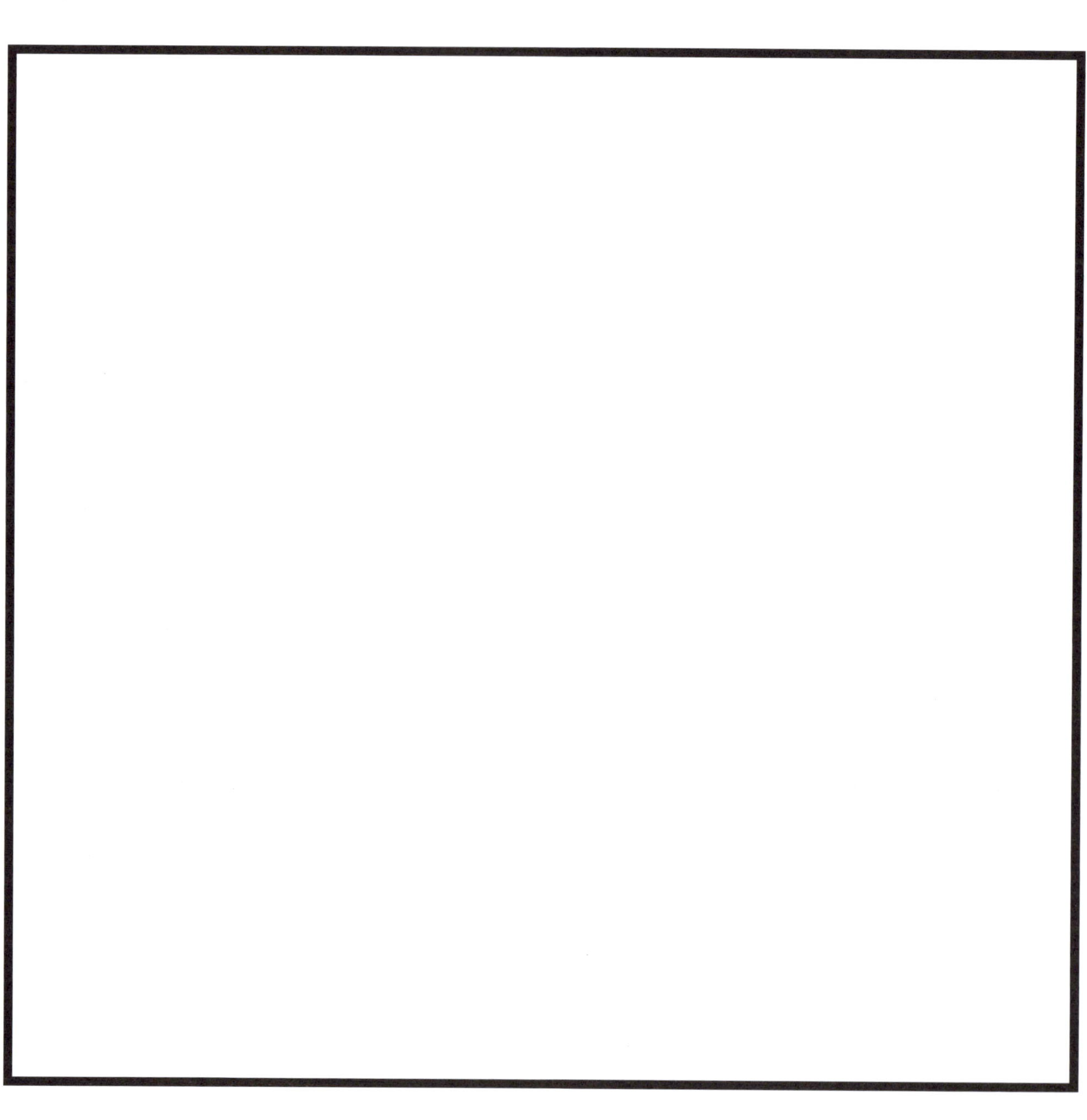

ACTIVIDAD 2:

Diseño de carteles sobre problemática social

Los usos de la imagen son infinitos, y más en la sociedad actual. En este sentido, cabe recordar que los carteles no siempre han servido para vender espectáculos, productos o artículos, sino que también se han usado para tratar de reivindicar sentimientos colectivos.

En esta actividad te proponemos realizar un cartel que aborde alguna problemática social actual inspirado en los dibujos de la exposición de Mauro Muriedas, como puedes ver en el ejemplo propuesto. Para ello, puedes usar la técnica que quieras.

Como complemento, os animamos a explicar vuestros carteles, permitiendo que surja un debate respetuoso en el que podáis discutir las ideas representadas en los carteles. Reflexionar sobre las distintas ideas y sus diferentes perspectivas es un ejercicio muy positivo para el crecimiento personal y para el enriquecimiento de la sociedad.

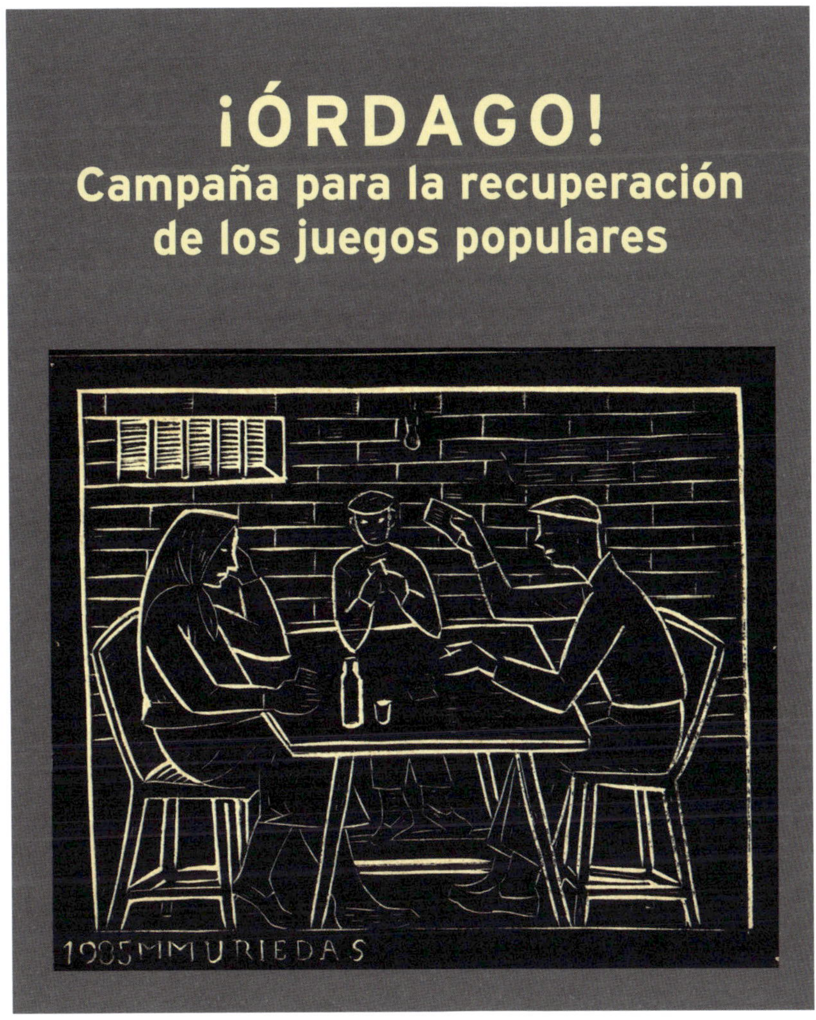

RICARDO GONZÁLEZ GARCÍA, VICTOR ALBA RODRÍGUEZ

ACTIVIDAD 3:

Las manos como símbolo de trabajo e identidad

¿Te has fijado en las manos de las personas dibujadas? Mauro Muriedas le otorga una importancia simbólica muy importante en sus dibujos. Además, verás cómo destaca el carácter expresivo de la línea al representarlas. En muchas ocasiones, los artistas utilizan este recurso para enfatizar aquellos elementos que quieren destacar.

En esta actividad te proponemos observar detenidamente las manos de los personajes de los dibujos y, después, dibujar tus propias manos utilizando diferentes tipos de líneas.

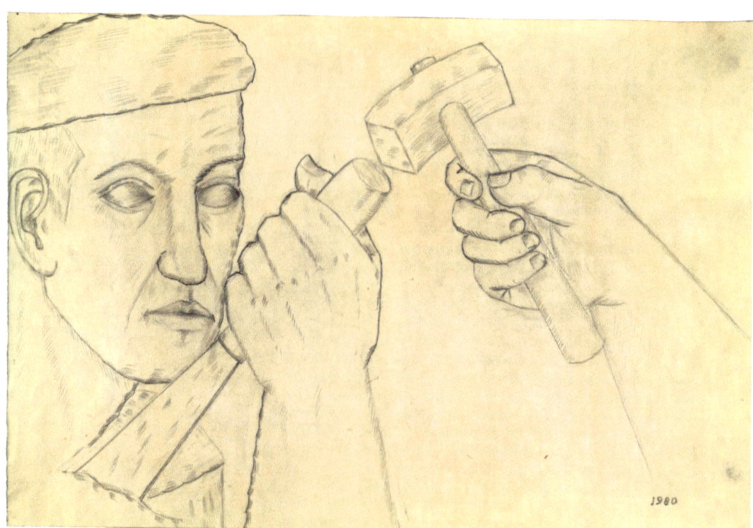

MAURO MURIEDAS, TESTIGO SOCIAL

Colección UC de Arte Gráfico

———— MATERIAL DIDÁCTICO ————

RICARDO GONZÁLEZ GARCÍA, VICTOR ALBA RODRÍGUEZ

EJERCICIO 1:

Las representaciones de corte tradicional de Mauro Muriedas se mueven, en su mayoría, en torno al ámbito laboral del campo, el mar y la minería, denunciando, en muchas ocasiones, la precariedad laboral a la que se exponen este tipo de trabajos. Desde la presente actividad te proponemos que identifiques los trabajos que actualmente se pueden considerar como precarios. Para que, gráficamente, establezcas una acción de síntesis describiéndolos, únicamente, mediante una silueta que puede estar definida mediante una línea que la contenga o mediante un tono que la rellene por completo.

En función de comprender lo que se plantea, puedes seguir los ejemplos que aquí se señalan. Además, podrás realizar tantas siluetas como trabajos precarios se te ocurran y ensayar en el trazado de la silueta hasta que esta se haga reconocible. Ejemplos de siluetas de trabajos aquí mostrados son: obrero, limpiadora, pintora de paredores o artista-pintor.

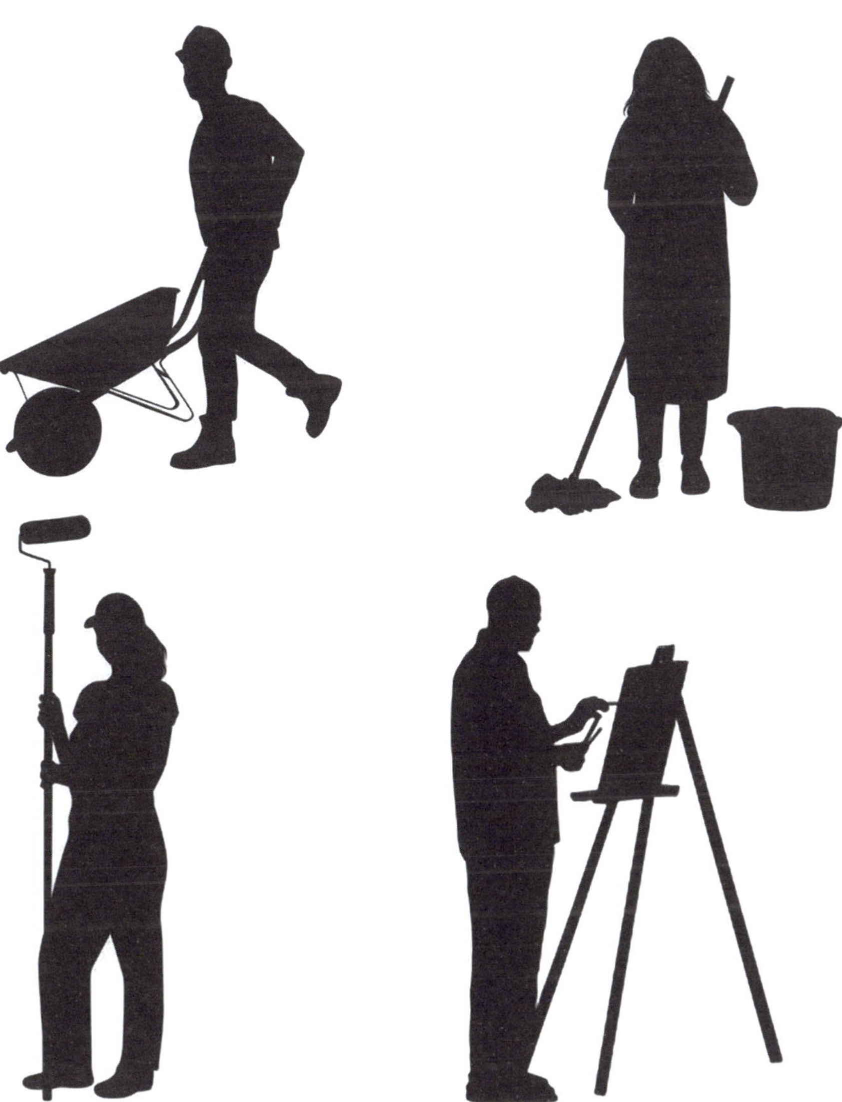

———— MATERIAL DIDÁCTICO ————

RICARDO GONZÁLEZ GARCÍA, VICTOR ALBA RODRÍGUEZ

EJERCICIO 2:

Tomando como referencia las siluetas que has generado en el ejercicio anterior, te proponemos que en la actividad actual establezcas un proceso de identificación de cada personaje mediante texturas visuales. El procedimiento será el siguiente: rellenar la silueta del trabajador con recorte de texturas visuales que hagan referencia a la labor que desempeña.

Por ejemplo, si la silueta que has realizado anteriormente hace referencia a una persona del campo, puedes buscar elementos relacionados con su actividad, como los utensilios que utiliza, los productos que cosecha, animales que cuida, etc., para rellenar su silueta con ello.

En los ejemplos aquí mostrados se puede ver lo que se plantea. Esta actividad la puedes realizar analógicamente, de manera tradicional, mediante recorte de revistas, tijeras y pegamento, o de forma digital, recurriendo a medios infográficos para ello.

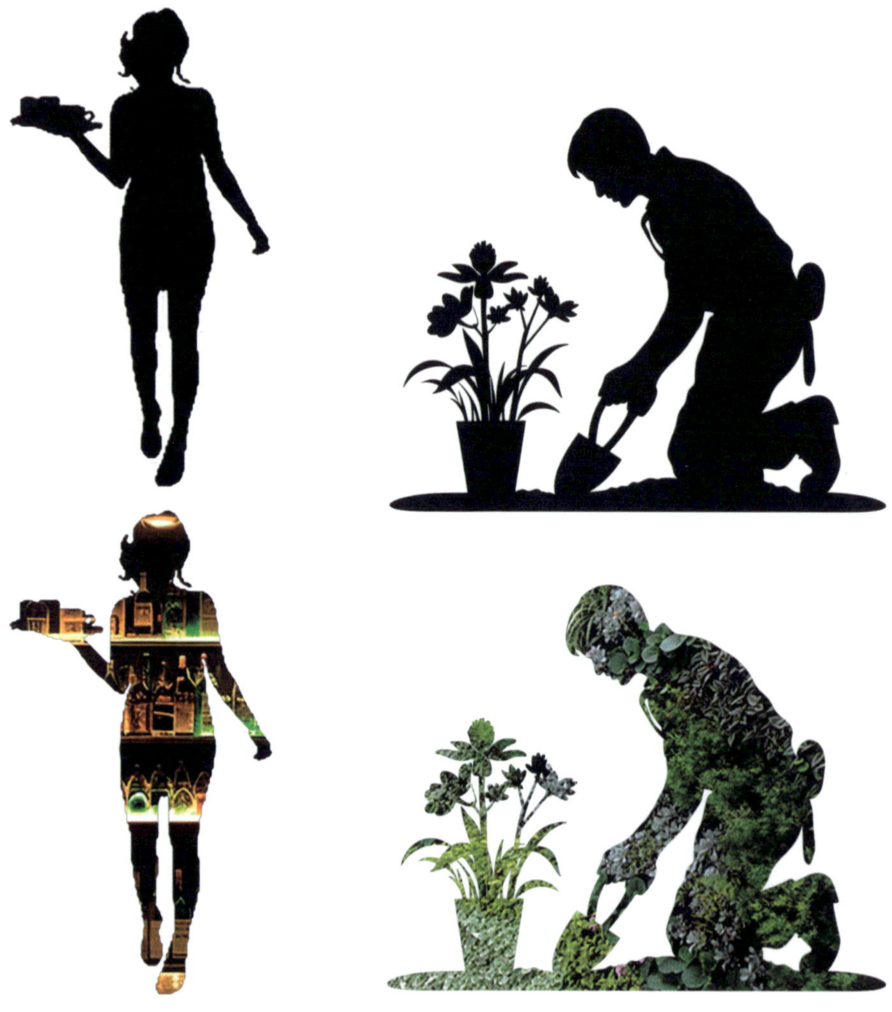

— MATERIAL DIDÁCTICO —

RICARDO GONZÁLEZ GARCÍA, VICTOR ALBA RODRÍGUEZ

EJERCICIO 3:

Mauro Muriedas centró gran parte de su producción artística, tanto dibujística como escultórica, al mundo del trabajo. Una temática que ha interesado a muchos/as otros/as artistas igualmente. Sirvan como ejemplos algunas obras de grandes artistas que aquí se reproducen: Gustave Courbet, *Los picapedreros* (1849-50), Jean-François Millet, *Las espigadoras* (1857), Gustave Caillebote, *Los acuchilladores de parqué* (1875), Edvard Munch, *Trabajadores camino a casa* (1913-14).

Pero en la presente actividad te proponemos no que mires al pasado, sino al futuro y que, teniendo en cuenta los nuevos medios de producción que han traído consigo las tecnologías digitales y la Inteligencia Artificial, que imagines, dibujes y pintes una o varias escenas de cómo crees tú que puede llegar a ser el mundo laboral del mañana. Para completar la actividad, estaría muy bien que mostraras la representación que has realizado y la comentaras con el resto de tus compañeros/as para contrastar opiniones.

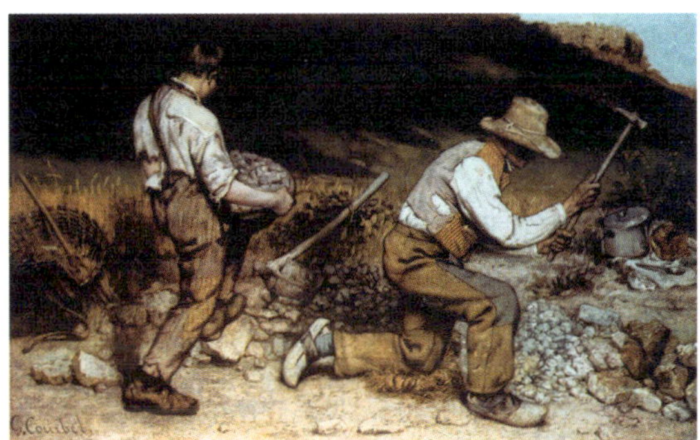

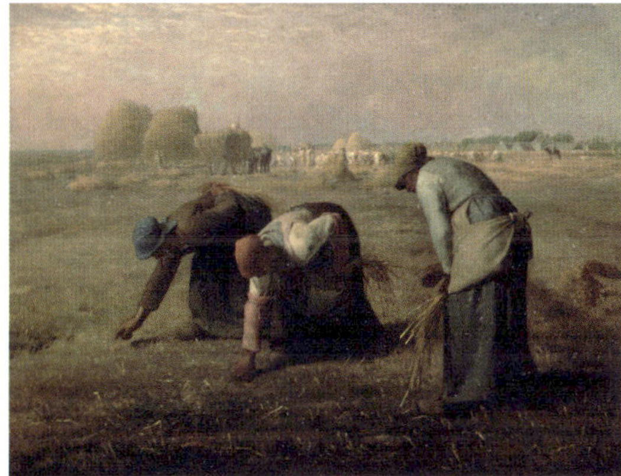

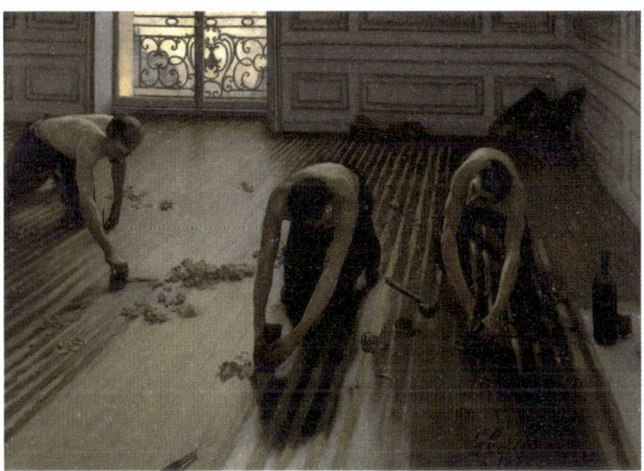

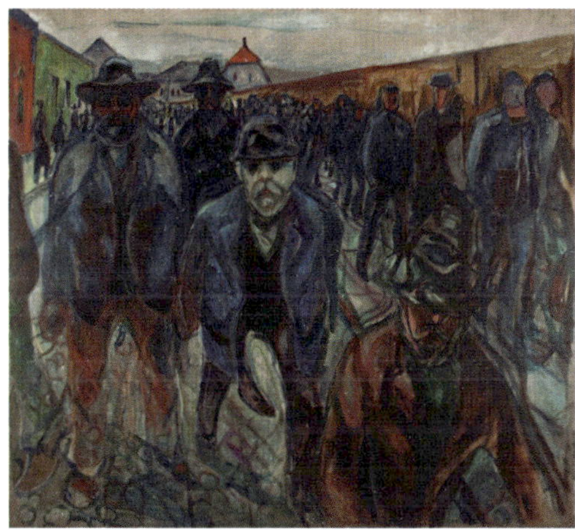

BIBLIOGRAFÍA

◆

AARONS, VICTORIA / BERGER, ALAN, L. (2017). "On the Periphery: the Tangled Roots of Holocaust Remembrance for the Third Generation", en *Third-Generation Holocaust Representation: Trauma, History and Memory*, Northwestern University Press, 1-39.

BEN-GHIAT, RUTH (1995). "Fascism, Writing and Memory: The Realist Aesthetic in Italy, 1930-1950", *The Journal of Modern History*, vol. 67, nº 3 (Sept. 1995), 627-665.

BLASZKIEWICZ, JACEK (2020). "Listening to the Old City: Street Cries and urbanization in Paris, ca. 1860", *The Journal of Musicology*, vol. 37, nº 2 (Spring 2020), 123-157.

Boletín Oficial Diputación de Santander, 11-01-1935, p. 9

Boletín Oficial Diputación de Santander, 21-09-1931, 5

Boletín Oficial Diputación de Santander,04-11-1935, 3

Boletín Oficial Diputación de Santander,22-08-1933, 4

Catálogo del XV Salón de Otoño fundado por la Asociación de pintores y escultores, 1935: Consultado en: https://gacetadebellasartes.es/administracion/ar_archivos/catalogo/15salon%20otono.pdf

CORBOULD, CLARE (2007). "Streets, Sounds and Identity in Interwar Harlem", *Journal of Social History*, vol. 40, nº 4 (Summer 2007), 859-894.

DZIEMIDOK, BOHDAN (1993). "Formalism: its achievements and weaknesses", *The Journal of Aesthetics and Art Criticism* (Spring 1993), vol. 51, nº 2, 185-193.

El Cantábrico diario de la mañana, 19-06-1929, p. 6. Accesible en https://prensahistorica.mcu.es/es/publicaciones/numeros_por_mes.do?idPublicacion=1002265&anyo=1929.

El Cantábrico diario de la mañana, 28-02-1937, p. 1. Accesible en: https://prensahistorica.mcu.es/es/publicaciones/numeros_por_mes.do?idPublicacion=1002265&anyo=1937 .

El Cantábrico diario de la mañana, 3-11-1932, p. 6. Accesible en: https://prensahistorica.mcu.es/es/publicaciones/numeros_por_mes.do?idPublicacion=1002265&anyo=1937.

El Cantábrico diario de la mañana, 9-06-1937, p. 1. Accesible en: https://prensahistorica.mcu.es/es/publicaciones/numeros_por_mes.do?idPublicacion=1002265&anyo=1937.

El Cantábrico diario de la mañana, septiembre 23-09-1931, p. 7. Accesible en: https://prensahistorica.mcu.es/es/publicaciones/numeros_por_mes.do?idPublicacion=1002265&anyo=1931.

El País, 10-01-1991. Accesible en: https://elpais.com/diario/1991/01/10/agenda/663462002_850215.html.

FLINT, KATE (1980). "Art and the Fascist Régime in Italy", *Oxford Art Journal*, vol. 3, nº 2 (Oct. 1980), 49-54.

HITCHCOCK, TIM (2006). "Chars and errand boys: unregulated labour and the making of eighteeth-century London", en *La ciudad porturaria atlántica en la historia: siglos XVI-XIX* (Fortea, J.I./Gelabert, J.E. eds.), Santander, Autoridad Portuaria-Univ. de Cantabria, pp. 301-324.

Hoja del Lunes, 23-10-1972, p. 4. Accesible en: https://prensahistorica.mcu.es/es/publicaciones/numeros_por_mes.do?idPublicacion=1003368&anyo=1972

HOYO MAZA, S. del. 2017. *Mauro Muriedas Díez (Barcenilla de Piélagos, 1908 - Torrelavega, 1991): la terribilidad de la mina en madera*, en "Dolor, represión y censura política en la cultura del siglo XX", coord. por David Martín López, Granada: Ed. Libargo, pp. 497-510

JANKIEWICZ, STEPHEN (2012). "A Dangerous Class: The Street Sellers of Nineteenth-Century London", *Journal of Social History*, vol. 46, nº 2 (Winter 2012), 391-415.

KUSPIT, DONALD B. (1976). "Pop Art: A Reactionary Realism", *Art Journal*, vol. 36, nº 1 (Autumn 1976), 31-38.

La Mina de Reocín. Revista Trimestral Laboral de la Real Compañía Asturiana de Minas, nº1, marzo, 1959, pp. 11-12.

La Mina de Reocín. Revista Trimestral Laboral de la Real Compañía Asturiana de Minas, nº4, diciembre, 1959, pp.28-29.

La Mina de Reocín. Revista Trimestral Laboral de la Real Compañía Asturiana de Minas, nº8, diciembre, 1960, pp. 28-29

La Región, el 17-11-1934, p. 1. Accesible en: https://prensahistorica.mcu.es/es/publicaciones/numeros_por_mes.do?idPublicacion=1001242&anyo=1934

La voz de Cantabria, 23-08-1929, p. 6. Accesible en: https://prensahistorica.mcu.es/es/publicaciones/numeros_por_mes.do?idPublicacion=1003369&anyo=1929.

La voz de Cantabria, 26-08-1931, p. 2. Accesible en: https://prensahistorica.mcu.es/es/publicaciones/numeros_por_mes.do?idPublicacion=1003369&anyo=1931.

La voz de Cantabria, 7-07-1931, p. 4. Accesible en: https://prensahistorica.mcu.es/es/publicaciones/numeros_por_mes.do?idPublicacion=1003369&anyo=1931.

LLANO, MANUEL, 1972. *Artículos en la prensa montañesa (1934-1937)*, Diputación de Santander, pp. 1075-1018 Consultado en: https://centrodeestudiosmontaneses.com/wp-content/uploads/DOC_CEM/BIBLIOTECA/EDICION_OTROS/PRENSA3-1934-1937-MANUEL-LLANO_1972.pdf

MANTECÓN MORENO, M. 2088. *Mauro Muriedas, un imaginero laico*, en "La Ortiga. Revista cuatrimestral de arte, literatura y pensamiento", nº84-86, pp. 43-66.

MARTINEZ CEREZO, A. 1982. *La obra del escultor Mauro Muriedas, entre el arte y la etnología, en "El País"*. Accesible en: https://elpais.com/diario/1982/02/05/cultura/381711611_850215.html

MASGRAU-JUANOLA, M.; ROCHA-GASPAR, D. da, 2020. *Las escuelas de artes y oficios como pioneras de una educación democrática y emancipadora*, en "Arte, Individuo y Sociedad", Madrid: Ediciones Complutense, pp. 605-620. Accesible en: https://dugi-doc.udg.edu/bitstream/handle/10256/19438/escuelasArtesBy.pdf?sequence=1&isAllowed=y Meixner, Laura L. (1983). "Popular criticism of Jean-François Millet in Ninetenth-Century America", *The Art Bulletin* (Mar. 1983), vol. 65, nº 1, 94-105.

MURIEDAS ECHAVES, M. 2003. *El silencio de los mineros*, en "Revista de Santander". Santander: Caja Cantabria, pp. 35-37.

ORTIZ SAL, J. 1993. *El arte de los oficios*, en "Revista de Santander, nº.70". Santander: Caja Cantabria, pp. 35-37. Accesible en: https://fundacioncajacantabria.es/wp-content/uploads/2020/11/70.pdf

ORTIZ SAL, J. 1993. *La Escuela de Artes y Oficios de Torrelavega*. Torrelavega: Ayuntamiento de Torrelavega y Obra Social de Caja Cantabria, pp. 73-75.

Rieser, Max (1957). "The Aesthetic Theory of Social Realism", *The Journal of Aesthetics and Art Criticism*, vol. 16, nº 2 (Dec. 1957), 237-248.

RODRÍGUEZ, G. 2000. *La escultura en Cantabria. De Daniel Alegre a nuestros días*, Santander: Fundación Botín, pp. 66-67.

SALCINES PÉREZ, L. A. 1976. *Mauro Muriedas: Su vida y su obra*, Torrelavega: Imprenta Guzmán, pp. 21-73.

SALCINES PÉREZ, L. A. 1977. *El arte como comunicación. Conversaciones con algunos artistas montañeses actuales*, Torrelavega: Ed. L.A. Salcines, pp. 145-153.

SALCINES PÉREZ, L. A. 2008. *La madera. Aproximación a la ida y obra de Mauro Muriedas*, 14-41

SÁNCHEZ-PÉREZ, MARÍA (2015). "Relaciones de sucesos en romance impresas en pliegos de cordel (siglo XVI)", *Hispanic Review*, vol. 83, nº 1 (Winter 2015), 27-45.

Sur. Un escenario para la memoria (cat. exp.), Museo Nacional Centro de Arte Reina Sofía y Museo de Bellas Artes de Santander, 1998, p. 78 Wilson, Eric (1995). "Plagues, fairs, and Street Cries: Sounding out Society and Space in Early Modern London", *Modern Language Studies*, vol. 25, nº 3 (Summer 1995), 1-42.

XLII Salón de Otoño (cat. exp.), Asociación Española de Pintores y Escultores, 1972, pp. 25 y 51. Accesible en: https://salondeotono.es/artistas-premiados

XV Salón de Otoño (cat. exp.), Asociación Española de Pintores y Escultores, 1935, p. 9 Accesible en: https://salondeotono.es/artistas-premiados

TD-10

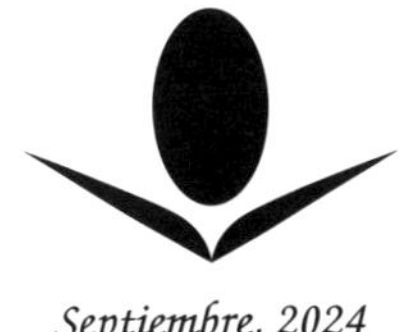

Septiembre, 2024